Aleksander Stojakoví

Über die staatsrechtlichen Verhältnisse der Serben in der Wojwodina

Aleksander Stojakovi

Über die staatsrechtlichen Verhältnisse der Serben in der Wojwodina

ISBN/EAN: 9783743490185

Hergestellt in Europa, USA, Kanada, Australien, Japan

Cover: Foto ©Suzi / pixelio.de

Manufactured and distributed by brebook publishing software
(www.brebook.com)

Aleksander Stojakovi

Über die staatsrechtlichen Verhältnisse der Serben in der Wojwodina

Ueber die

staatsrechtlichen Verhältnisse

der

Serben in der Wojwodina

und überhaupt

in den Ländern der ungarischen Krone.

Historisch-juridische Abhandlung

nebst einem Anhange:

Ueber die Wünsche und Ansprüche der Serben in Beziehung auf
die künftige organische Stellung der Wojwodina

von

Alexander Stojacskovics.

Temesvar.

Aus der kaiserlich-königlichen Filial-Staatsdruckerei.

1860.

I.

Ich will diese Abhandlung mit der Geschichte der Ansiedlungen der Serben in den ungarischen Landen beginnen, weil die besonderen Rechte und gesetzlichen Exemptionen der Serben mit der Einwanderung der Nation im Verhältnisse inniger Verbindung und Wechselwirkung stehen. Nur finde ich eher in diesem ersten Abschnitte einige Notizen über das Leben der Serben in den ältesten Zeiten des Ungarlandes, dessen Geschichte etwelche spärliche Beiträge dazu liefert, vorangehen zu lassen.

Es ist unbestreitbar, daß es schon in diesen alten Zeiten viele Serben in Ungarn gegeben habe. Slavonien und Syrmien, ehedem Bestandtheile des serbischen Reiches, sind ihr altes Vaterland. Banat und Bácska hatten jedenfalls noch vor der Ankunft der Magyaren (im Jahre 895) serbische Bewohner*). Ebenso mochten viele Serben in Ober-Ungarn verblieben sein, wo sie im VII. Jahrhunderte einezeitlang wohnten, bevor sie nach Ober-Mösien (heut. Serbien) auswanderten, und sich daselbst definitiv niederließen**).

Constantin Porphyrogeneta erwähnt ausdrücklich der Serben, welche jenseits der Donau im Weßprimer Districte unter dem Regime ihrer eigenen Vorstände einen besonderen politischen Körper bildeten***). Ebenso unwiderlegbar sprechen für das ehemalige Dasein der Serben in den ungarischen Landen die Benennungen zahlreicher Orte und Gebirge nach dem genetischen Volksnamen „Serb" †).

Die Magyaren fanden in den eroberten Ländern zahlreiche Anhänger der griechisch-orthodoxen Kirche. Es wird in der Geschichte Ungarns eines griechisch-orthodoxen, beziehungsweise serbischen Nonnenklosters nächst Weßprim erwähnt, welches von dem Könige Stephan, dem Heiligen, mit einem Freiheitsbriefe be-

---

*) Dissertatio brevis et sincera Hungari Auctoris (Keresztury) de gente Serbica etc. s. l. 1790, pag. 7. — Torontálvármegye Hajdana. Emlegette Bárány Agoston. Budán 1845, Seite 150: „A Magyarbirodalom kezdete óta, úgy látszik: régi lakosai Torontálvármegyének a Ráczok.

**) Dobrovßlyß Slavin S. 234.

***) Engels Geschichte des ung. Reiches. I. 67.

†) Serbico im Nitraer Comitat, Serb und Sirb im Arader, Serbesty im Biharer, Serbaska im Krassoer, Sirbova im Temesvarer, Serboveze im Beregher, Sirbi im Szatmárer, Sirbvalja (Dorf) und Srbota (Berg) im Hunyader, Serbelen und Serbaja im Zarander Comitate ꝛc. Vide Jána Kolara Rozpravy o Jmenách, počatkah i starožitnostech narodu slaveskeho a. t. d. 1830. Str. 163—164.

1*

fchenft wurde*). Ungeachtet unter dem benannten Protokönige die römifch-
katholifche Kirche Ueberhand nahm, fo belehrt uns dennoch das in Supplem.
Analect. Scepus befindliche Schreiben des Pabftes Innocenz III. an den
König Emerich, ddo. Romae XVII. Kalend. Octobr. 1204, daß fogar im
Anfange des XIII. Jahrhunderts in Ungarn nur ein einziges katholifches,
hingegen viele griechifch-orientalifche Klöfter fich vorfanden**).

Als Kirchengenoffenfchaften erlebten die Serben Zeiten der Bedrängniß,
vorzüglich während der Regierung Königs Ludwig I., der im Jahre 1366
dem Obergefpan von Kraffó befahl, alle Priefter der dortigen Serben mit
Weibern und Kindern zu verhaften, indem er ihnen glagolitifche Priefter aus
Dalmatien fchickte, die den Gottesdienft in alt-ferbifcher Sprache nach dem
römifchen Rituale verrichtend, daher ihrer Sprache kundig, fie zum römifch-
katholifchen Lehrbegriffe überführen follten ***).

Die Gefchichtsfchreiber heben die Kriegsdienfte und Tapferkeit der ungarifchen Serben während diefer Zeitperiode lobend hervor. Sie erwähnen
der ferbifchen Reiter, die fich im J. 1044 in der Schlacht bei Raab unter
dem Banner des Königs Aba Samuel, und etwas fpäter — im J. 1052 —
unter dem König Andreas I. in dem Kriege gegen die Deutfchen rühmlichft
hervorgethan haben. Der Chronikfchreiber Thuróczy erwähnt ausdrücklich
eines Serben, Namens Uros, der in diefem letzten Kriege, Preßburg gegen
Heinrich III. vertheidigend, fiegreich kämpfte. — Im J. 1242 unter Béla IV.
trugen zur Befiegung der Tartaren auch die Serben bei, wo die fyrmifchen
Anführer Krecs, Kupifcha und Rak mit ihren Kriegerfchaaren erfprießliche
Dienfte leifteten. — Einen fehr großen Antheil hatten die Serben auch an
dem Kriege gegen Ottokar von Böhmen im Jahre 1260, wie dies felbft der
letztere in einem Schreiben an den Papft Alexander IV. bezeugt. Mehrere
von diefen Serben wurden hernach vom König Béla IV. mit Gutsherr-
fchaften befchenkt.

Unter den höchften Würdenträgern des Reiches findet man fchon in
diefer Zeitperiode einige Serben. So z. B. der Palatin Johann I. Uros
unter dem König Stephan II. (1114—1131), fowie der Palatin Belus
oder Beli Urofewics unter dem König Geiza II. (1141—1161) waren
Serben. †) Der Palatin Belus war Bruder der ungarifchen Königin Helene,
an die uns der blutige Araber Landtag (1136) erinnert, auf welchem fie an
den Urhebern der Blindheit ihres königlichen Gemahls Béla IV. fürchterliche

---

*) Georg Fejér. Codex diplomat. Hung. Budae 1829, pag. 14.
**) Es heißt in dem Schreiben ausdrücklich: „Quia vero nec novum est, nec
absurdum, ut in Regno Tuo diversarum nationum, Conventus uni Domino
in regulari habitu famulentur, licet unum sit ibi latinorum coenobium, quum
tamen ibidem sint multa Graecorum etc.“
***) Slavonien und zum Theil Croatien von Johann v. Cfaplovics. Peft
1819. II. 7.
†) Auch der vierte Palatin des Reiches, Namens Rabo, unter Andreas I.,
fowie der fechfte Palatin, Elias Wid, unter König Salamon, follen dem ferbifchen
Volksftamme angehört haben.

Rache nahm. Derſelbe beſaß ausgedehnte Herrſchaften jenſeits der Theiß, dann zwiſchen der Save und Drave, die ihm von den Königen Béla IV. und Geiza II. verliehen wurden.

II.

Ungarn war ſeit Stephan dem Heiligen das Land, wo Fremde als Gäſte mit beſonderen Vorrechten aufgenommen wurden, um durch ſie die Bevölkerung zu vermehren, und die Cultur des Landes zu heben.

So kamen die Kumanier und Jazyger ins Land; auf dieſelbe Art wanderten die Sachſen nach Siebenbürgen ein. Beide Nationen wurden mit Privilegien begabt, und beide behielten ihre Autonomie mehr oder weniger vollſtändig bis zu der jüngſten Zeit.

Später, nachdem die Türken dem ungariſchen Reiche bedrohlich zu werden anfingen, waren den ungariſchen Königen ſolche willkommene Gäſte die Serben.

Die erſte größere ſerbiſche Colonie finden wir unter dem König Sigmund (1387—1437) auf der Inſel Cſepel, bei Ofen, wo denſelben der Ort Szt. Abraham eingeräumt wurde, welchen ſie zum Andenken an das verlaſſene Kovin (Kubin) — Mali Kovin (Kis Kovin), und in der Folge Serbſki Kovin (Rácz-Keve) nannten. Dieſe Coloniſten erhielten vom König Sigmund und deſſen Nachfolgern verſchiedene Freiheitsbriefe in den Jahren 1405; 1412, 1428, 1435, 1440 ꝛc., wornach ſie mit anderen freien Städten gleiche Municipalfreiheiten genoßen. Von Rácz-Keve verbreiteten ſich die Coloniſten nach Tekely, Szt. Martin und Cſepel, ſowie nach Ofen, wo ſie ebenfalls bereits unter Sigmund (1412) angeſiedelt erſcheinen. Ihre Exemptional-Rechte wurden vom König Ladislaus 1453 und 1455, dann vom König Mathias Corvinus 1458 und 1464 auch auf dieſe Ortſchaften ausgedehnt, und es werden uns ſchon in den huſſitiſchen Kriegen (1420—1421) unter den Truppen König Sigmunds Serben genannt, die daran einen thätigen Antheil nahmen.[*]

Als in der Folge durch die Türken der größte Theil vom Königreich Ungarn mit Beihülfe dortiger Mißvergnügten erobert wurde, überſiedelten die meiſten dieſer Coloniſten nach Raab und Komorn, als damaligen Gränzfeſtungen.

Als eine nicht unbedeutende Anſiedlung kann man auch jene betrachten, welche mit dem Herzog von St. Sabbas (Herczegowina) Ladislaus Koßarits, und zur Zeit der Wanderung des bekannten ſerbiſchen Despoten Georg I. Brankovics, nach Ungarn erfolgte.

---

[*] Hiſtoriſch-ethnographiſch-ſtatiſtiſche Notizen über die Nationalitäten Oeſterreichs, nebſt einer kurzen Darſtellung der politiſchen Angelegenheiten der Serben ꝛc. Wien 1849. S. 17.

Bei den fortwährend schwankenden Verhältnissen, in welchen Serbien zur Pforte stand, welche unter Murad ein Reich nach dem anderen zu umschließen drohte, knüpfte der obererwähnte Despot von Serbien durch Vermittlung seines Schwiegersohnes, Grafen Ullrich von Cilly, Unterhandlungen mit dem König Sigmund an, und trat im Jahre 1427 vermöge eines besonderen Vertrages Belgrad sammt den umliegenden Ortschaften an Ungarn ab, wofür ihm vom König Sigmund ansehnliche Güter in diesem Reiche verliehen wurden, als: Szlankamen, Lippova, Szolnok, Kulpin, Világosvár, Tokay, Munkács, Becse, Tállya, Thótság, Regéß, Böszörmény, Szerdahely, Szatmár, Thur, Tißavársány, Csötörtökhely, Debreczen ꝛc. mit zahlreichen anderen Dörfern, ferner ein Haus zu Ofen (pro descensu et hospitio); der Despot hatte von diesen Gütern, auf welchen sich viele seiner Landsleute niederließen, eine jährliche Einnahme von 50,000 Dukaten *).

Obwohl er dem Sultan Murad seine jüngere Tochter Mara zur Gattin gegeben hatte, so überzog dieser (1439) doch Serbien mit Krieg. Bei der Annäherung des Sultans verließ der Despot seine Hauptstadt Smederevo (Semendria), und begab sich mit seinen Schätzen nach Ungarn, um den König Albrecht zum Kampfe gegen denselben zu bewegen; wobei er auf seinen Gütern in Ungarn Truppen aufbot. Der traurige Ausgang dieses Kampfes ist bekannt. — Nach Murads Eroberung von Smederevo kamen zahlreiche Serben nach Ungarn, welche die Herrschaft oder den District Janopolien (das von ihnen bewohnte temeser Gebiet, wozu auch die Felsenburg Világos gehörte) gründeten, und von Wladislaw I. ein eigenes Privilegium erhielten.

Wie mächtig der Despot Georg Brankovics in Ungarn war, ist auch aus dem Decrete des Königs Albert, Gesetzart. 25: 1439, und aus dem Decrete II., Gesetzart. 9: 1454, des Königs Labislaus Posthumus zu ersehen **). Er war Reichsbaron — Baro Regni major — und berechtiget, durch eigene, mit seinem bekannten Insiegel bekräftigten Urkunden, Procuratoren zu bestellen ***). Auch stand er in einem solchen Ansehen bei den Ungarn, daß er bei der Wahl des Reichsverwesers (Gubernator Regni) im Jahre 1446 mit Johann Hunyady, dem Vater des Königs Mathias Corvinus, Franz

---

*) Engels Geschichte des ung. Reiches. II. 321.

**) Corpus juris hungarici Budae 1779. Der erste Artikel lautet: „Juxta requisitionem regnicolarum nostrorum, Nos una cum eisdem operabimur, quod Despotus Rasciae et Comes Cilliae, caeterique Magnates dominia vel possessiones, castra, fortalitia, Civitates, oppida et alia bona, in hoc regno Ungariae habentes et tenentes, hujusmodi castra, fortalitia etc., non advenis et forensibus, sed Ungaris hominibus, pro honore dare debeant.“ Hingegen in dem letzteren Artikel heißt es: „Item omnes liberae Civitates, tamnostrae Regales, et Reginales, quam Dominorum Despoti et Comitis Ciliae, aut aliorum Magnatum etc., connumerari debeant.“

***) Verböczys Decretum tripartitum juris consvetudinarii. Partis II. tit. 13. §. 6: „Sciendum tamen, quod Praelati, ut Archi-Episcopi: nec non Prior Auranae: ac Comites Liberi et Perpetui Regni: Etiam Rasciae Despotus; per literas eorum proprias, et notoriis Sigillis ipsorum roboratas, Procuratores constituendi facultatem habent.“

von Thalócz, Ban von Croatien, und Nikolaus Ujlaky, Herzog von Syrmien in den Vorschlag aufgenommen worden war *).

Eine bedeutende Einwanderung nach Croatien erfolgte beiläufig im Jahre 1450, als sich mehrere Tausend Serbler aus Bosnien und Macedonien in dem jetzigen Warasdiner Generalate angesiedelt, und das Kloster Szarcsa erbaut hatten.

Aus Serbien kamen während dieser Zeitperiode noch mehrere kleine Colonistenschaaren herüber.

III.

Als im Jahre 1459 Serbien durch die Türken gänzlich erobert wurde, traten die serbischen Despoten gänzlich nach Ungarn über, wo sie als solche von den ungarischen Landesfürsten anerkannt, die serbische Miliz Süd-Ungarns befehligten, und für das neue Vaterland ersprießliche Dienste leisteten. Der erste Despot oder Wojwode in Ungarn war

1. **Stephan Brankovics** (1460—1467), Sohn des Georg I. Brankovics, von dem oben die Rede war. Derselbe schlug seinen Wohnsitz in Syrmien auf, wohin ihn sehr viele Serbianer folgten. Daß ihn der König Mathias Corvinus als Despoten der ungarischen Serben anerkannte, ist aus einem an denselben ergangenen königlichen Diplome zu ersehen **). Stephan wollte sich später in Serbien festsetzen, wurde aber verjagt, und floh nach Albanien, wo er sich mit der Angeline vermählte, die von den Serben unter dem Namen „Majka Angelina" hochverehrt und heilig gehalten wird. Von dort flüchtete er sich hernach nach Italien, und starb daselbst im Jahre 1467. Nach seinem Abzuge aus Ungarn rief das Serbenvolk den

2. **Wuk Brankovics** (1471—1485), den Enkel des Georg I. Brankovics, zum Despoten oder Wojwoden aus. Derselbe war schon im Jahre 1465 mit den Bojaren Demeter Jaksics, Knez Paul (Paul Kinisi, ein Brankovics) rc. und einer beträchtlichen Anzahl des Volkes aus Serbien ins Ungarische übergegangen. Der König Mathias Corvinus bestätigte ihm 1471 die Despotenwürde. Seine ihm von diesem angewiesene Residenz war Szlankamen, welches sammt Feyeskő an ihn der König vergab, und von wo aus er den Türken auf alle Art und Weise Abbruch that. In dem böhmischen und polnischen Kriege, bei der Belagerung von Sabacz, bei Belgrads Entsatz, auf dem Brodfelde in Siebenbürgen rc. rc. begründeten die Serben mit deren Anführern ihre Ansprüche auf die staatsrechtlichen Exemptionen, die ihnen

---

*) Caroli Du Fresne Illyricum vetus et novum. Possonii 1746 pag. 221: „Qui (Franciscus seu Ferko de Thalócz) postea comitiis, quibus Gubernator, eum Joanne Hunniade, Nicolao Ujlákio, ac Georgio Despota candidatus fuerat, interfuit. Siehe: Thuróczy, Bonfin, Ratkay, Szent-Iványi etc.

**) Pray Annales. Tom. IV. pag. 185.

die Könige von Ungarn zu Theil werden ließen. Es verdient hier noch bemerkt zu werden, daß die Serben den Kern der berühmten schwarzen Legion des Königs Matthias Corvinus bildeten, der mit derselben manchen glänzenden Sieg errang. Auch waren die Serben Paul Kinisi's vorzügliche Heereskraft auf dem Streifzuge im Jahre 1481 nach Serbien bis Krusevacz, von wo sie 50,000 ihrer Stammgenossen zu neuen Ansiedelungen in die entvölkerte temeser Gegend mit sich zurückbrachten. In Anerkennung der geleisteten ausgezeichneten Kriegsdienste, wurden die sämmtlichen im ungarischen Reiche ansässigen Serben durch den Landtag, kraft des 3. Art. 1481 auf den durch sie urbar gemachten Ländereien von der Abgabe des geistlichen Zehentes befreit. Diese Freiheit erhielt durch den Art. 45: 1495 und Art. 4: 1574 wiederholt ihre Bestätigung.

In Anbetracht dieser gesetzlich gesicherten staatsbürgerlichen Vortheile, sowie des Umstandes, daß in den südlichen Theilen Ungarns, vorzüglich aber in Syrmien, eine serbische Despotovina im Entstehen sei, kamen viele der unter türkischer Botmäßigkeit befindlichen Serben mit kleinen Colonistenschaaren herüber, und siedelten sich vorzüglich in Syrmien, dann auch im Banat und in der Bácska an.

Der serbische Despot Wuk zeichnete sich in allen Gefechten so sehr durch Kühnheit und Heldenmuth aus, daß er bei seinen Landsleuten gewöhnlich Zmaj (der Drache) Despot Wuk genannt, und beim König Matthias Corvinus sehr beliebt ward. Er starb im Jahre 1485. Nach ihm bekam die Despotenwürde

3. Georg Brankovits, der Sohn des Despoten Stephan Brankovics, der zu Kupinik in Syrmien residirte, und mit seinem Bruder Johann im Jahre 1486 dem König Matthias Corvinus 12,000 Stück Dukaten geliehen und dafür das Castrum Berekßö als Pfand erhalten hat. *) Aber nach Kurzem entsagte er der Despotenwürde, wurde Mönch im Kloster Krusedol, und hierauf Erzbischof unter dem Namen Maxim. Nach ihm bekleidete die Despotenwürde sein Bruder

4. Johann Brankovics bis 1503. Die Serben machten auch fortan den Kern der königlichen Heeresmacht aus, freudig kämpfend unter ihrem National-Anführer für den Ruhm des immer siegenden Königs Matthias Corvinus, der mit ihnen in ihrer Nationalsprache vollkommen fertig verkehrte, und keines ihrer Verdienste übersah. Im Jahre 1494 eroberte Brankovics Mitrovitz und Raolcze (oder Rahocza) nächst Poßega von den Türken, und erntete dafür das Lob und Wohlwollen seines Königs Uladislaus II.**)

Im Jahre 1496 schenkte er dem serbischen Kloster Krusedol 16 Dörfer in Syrmien, als: Kupinovo, Karlovcze, Krusedol, Marabék, Csortanovcze,

---

*) Vide das königliche Diplom beim Pray Annales Tom. IV. Pag. 185.
**) Istvánffi Histor. Libr. III. Pag. 26: „Uladislaus — — Despotum pro navata fortiter eo bello opera collaudatum, magnisque donatum muneribus domum remiserat etc.

Grabovcze, Kercsebinovacz, Pazuvo, Indla, Lyukovo, Dobrobol, Nerabin, Petylncze, Brestacs, Satrince und Mifolya. *)

Der Despot Johann Brankovics als ungarischer Reichsbaron hatte kraft des Art. 22: 1498 ein Banderium von 1000 Hußaren, welches das größte, mit dem königlichen gleiche Banderium war, aus Eigenem beizustellen. Nach dem Tode des Johann Brankovics (1503) hat der serbische Knez von Zacholmien de Pastrojevics

4. Stephan Stiljanovics, ein Verwandter des Despoten Johann, die Despotenwürde erlangt, und seinen Sitz in Morovics (gegenwärtig in der syrmischen Militärgränze) aufgeschlagen. Er vertheidigte muthig sein Land gegen die Türken, und als er ihnen mit seiner Miliz nicht mehr widerstehen konnte, zog er im Jahre 1508 mit zahlreichem Serbenvolke auf Befehl des Königs Uladislaus II. aus Syrmien nach Baranya hinüber, und nahm in der ihm vom Könige angewiesenen Festung Siklos seinen Aufenthalt.

Dieser serbische Despot, als ungarischer Reichsbaron, hatte kraft des Gesetzart. 5: 1507 eine Gränzburg und das große dem königlichen gleiche Banderium (castrum finitimum et insigne banderium) pro Regni tutela zu unterhalten. Sein aus dem Staatsschatze bezogenes Salar betrug an Geld 3600 fl. und an Salz 1200.

Nach dem am 4. October 1515 erfolgten Ableben des Despoten Stephan Stiljanovics, dessen irdische Ueberreste das Kloster Sisatovacz in Syrmien bewahrt, hatten die ungarischen Serben einezeitlang keinen Despoten; sie unterlagen dem unmittelbaren Commando der ungarischen Befehlshaber.

Unterdessen geschahen einzelne Einwanderungen von hervorragenden Serbiern mit kleineren Kriegerschaaren nach Ungarn fortwährend. So kamen Paul Bakics mit seinen 5 Brüdern**), Radics Bozsits, Peter Monaßterli ꝛc. herüber, und muthig kämpfend für das Heil ihres neuen Vaterlandes, erwarben sie sich um dieses unsterbliche Verdienste. Sie hatten auch an der unglücklichen Schlacht bei Mohács 1526 theilgenommen, wo viele Serben und unter ihnen Radics Bozits, und zwei Brüder Bakics fielen ***).

Um dem Ehrgeize der Serben zu frohnen, und sie zur regeren Theilnahme an der Vertheidigung des Reiches anzuspornen, stellten nun die Un-

---

*) Die Donational-Urkunde, ausgestellt in Berkaßovo, dem Wohnsitze des Despoten, wird im Archiv des Klosters Krusebol aufbewahrt.

**) Istvánfi pag. 65 sagt: „Paulus Rakiclus e Thracia nobili et militari Graeci ritus stirpe ortus, crebris Tomoraei literis et nunciis non inscio Rege, sollicitatus, cum quinque fratribus egregiae virtutis fortitudinis viris, Petro Clemente, Manuele, Demetrio et Michaele in Ungariam venit (1522). Ei Ludovicus Laceum in Semigio sitam arcem, quam cum suis inhabitaret, liberali munere assignandam curavit, donec ampliora dare posset, atque ii postea omnibus bellis fortem fidelemque operam Reipublicae navavere." — Die Brüder Paul und Peter Bakics werden auch in dem die Aufschrift: „Bakics familiae, pro arce Sabaria fiat compensatio" führenden Gesetzart. 48: 1542 erwähnt.

***) Derselbe pag. 82.

garn die Würde des serbischen Despoten in der Person des Stephan Berißlov wieder her.

6. **Stephan Berißlov** (1526—1527) führte den Despotentitel kaum durch ein Jahr, da gleich im nächsten Jahre

7. **Johann Csernovics** sich zum Despoten der ungarischen Serben proclamirte, hiezu das Recht aus seiner angeblichen Verwandtschaft mit der serbischen Despotin Angelina, der Stephan Brankovics's Gattin, herleitend. Die Serben hatten ihn als Despoten gerne anerkannt, um nur diese althistorische Würde hergestellt zu sehen.

Johann Csernovics brachte eine ansehnliche Truppe von mehr als 10,000 Mann zusammen, hielt sich eine Leibwache von 600 auserlesenen Soldaten, die er Janicsaren nannte, und nahm bald von Johann Zapolya, bald von Ferdinand I. Anerbietungen an *). Endlich schickte der letztere einen Gesandten in der Person des Franz Révay mit vielen Geschenken und königlichen Verleihungsbriefen zu dem Despoten. Révay wußte ihn bei seinem Ehrgeize zu fassen, und auf die Seite Ferdinands zu bringen, dem er hernach treu anhing.

Sobald dieß Zapolya erfuhr, schickte er im Jahre 1528 ein aus Siebenbürgern und Szeklern bestehendes Heer unter der Anführung des Peter Perényi gegen den Despoten, welches aber bei Szegedin total geschlagen ward. Emerich Csibak, Commandant von Temesvar, sammelte das geschlagene Heer, und es mit frischen Truppen verstärkend, brachte dem Despoten bei demselben Orte eine Schlappe bei. Csernovics ward sowohl in diesem Gefechte, als auch bei dem gleich darauf gegen Szegedin wiederholten Angriffe stark verwundet, und begab sich nach Dorozsma (nach anderen Hágtornyos oder Diob) um sich die Wunden zu heilen. Kaum erfuhr dies Zapolyas Heerführer Valentin Török, so eilte er mit einer starken Kavallerie-Abtheilung herbei, und überrumpelte den genannten Ort. Es gelang ihm, sich der Person des Johann Csernovics zu bemächtigen, der ganz verwundet im Bette krank darnieder lag. Er schleppte ihn aus dem Bette in den Hof hinaus, und hieb ihm grausam den Kopf ab, der dem Zápolya nach Ofen geschickt ward.

Die Reste der Csernovics'schen Truppen setzten sich unter Johann Fikeressi und Ambros. Fogasi auf Betrieb des Stephan Révay, auf Csajken oder Naßaden, und ruderten die Donau hinauf. Bei Pest und Ofen fanden sie von den Zápolyanern Batterien errichtet und eine Kette über den Fluß gezogen, um sie zu hindern weiter hinauf zu fahren und sich mit den Truppen des Königs Ferdinand I. zu vereinigen. Sie litten hiebei viel Verlust, ruderten aber doch durch und kamen glücklich in Komorn an. König Ferdinand I. beschenkte die Anführer mit dem Dorfe Szelistye an der Waag als erblichem Eigenthume. Man brauchte diese serbischen Csajkisten noch öfters und mit gutem Erfolge; man führte neue Colonien von ihnen in die Gegenden von Komorn, bis sie endlich 1746 Sitze und neue ordentliche Organisation in der

---

*) Istvánffi pag. 88.

Bácska mit dem Stabe zu Tittel erhielten. *) Noch wird in Komorn die erste Fahne dieses Corps in der serbischen Kirche daselbst aufbewahrt, wo sie der Verfasser dieser Abhandlung im Jahre 1844 gesehen hat.

IV.

Nach dem Tode des Johann Csernovics hatten die ungarischen Serben vom Jahre 1528 bis 1689, d. i. bis zur Zeit des Königs Leopold I. wieder keinen Despoten oder Wojwoden mehr. Sie nahmen dennoch während dieser ganzen Zeit an allen von der legitimen Dynastie geführten Kriegen den thätigsten Antheil, und errangen oft die glänzendsten Erfolge.

So z. B. im Jahre 1529, als die Türken Wien belagerten, befand sich unter der Besatzung Paul Bakics, der mit 200 leichtberittenen Serben die Türken über die Donau zu bewachen übernahm. **) Er wagte auf die Türken, die in der Gegend des Kahlenberges lagen, mit seinen und einigen deutschen Reitern einen glücklichen Ausfall; die gefangenen Türken verriethen Solimann's Anstalten zum Sturm, wodurch man in die Lage kam, noch rechtzeitig die geeignetsten Vertheidigungsmaßregeln zu treffen, in deren Folge Soliman bald seinen Abzug nehmen mußte.

Im Jahre 1537 fiel Paul Bakics als Opfer seiner Tapferkeit, wie er unter Katzianer den Rückzug von Essegg nach Iwanka commandiren half. ***) In der fortgesetzten Schlacht und Niederlage der königlichen Armee fielen auch Paul Fodor, Theodor Peics und andere Serben. In Gefangenschaft geriethen Demeter Skanderovics, Wuk Milola u. a. m.

Im Jahre 1566 half Wuk Paprotovics dem Nicolaus Zrinyi den Mehmed Pascha bei Siklos zu schlagen, und unter den gefallenen Helden von Szigeth findet man die Serben: Johann Novakovics, die Capitäns Dandov und Radovan, dann Johann Oesarevics und Wuk Paprotovics genannt.†)

Nicht minder erfolgreich waren die Dienste der in Croatien, namentlich aber in dem Warasbiner und Karlstädter Generalate, nach der Mohácser Schlacht (1526) angesiedelten Serben††), die des Königs Ferdinand I. Par-

---

*) Engels Geschichte des ungarischen Reiches. Halle. III. S. 476.

**) Istvánffi. X. Pag. 100.

***) „Eo interfecto, sagt Jovius, qui inter nostros duces militaris ingenii solertia, atque ingentis animi fortitudine plurimum eminebat, magnus timor totis castris incussus est." Siehe Engels Geschichte des ungarischen Reiches. Halle III. S. 478.

†) Istvánffi. XXIII. S. 291—300.

††) Nach der Schlacht bei Mohács (1526) verwüsteten die Türken die Wohnstätte der lange vor dieser Schlacht in dem Warasbiner Generalate angesiedelten bosnischen Serben sammt ihrem Kloster Márcsa und den ganzen übrigen Umgegend, und daher hießen diese verwüsteten Bezirke desertum primum und desertum secundum, wovon das erstere dem Warasbiner und das letztere dem Karlstädter Generalate den Ursprung gab. Bald darauf bevölkerten diese Deserten bosnisch-serbische

tel gegen den Johann Zápolya mit so vielem Nachdrucke unterstützten, „daß,"
um mich der Worte des österreichischen Staatsministers Freiherrn von Bartenstein zu bedienen, „der in Croatien und Slavonien von Zápolya eingesetzte
Banus Keglevics daraus vertrieben, hingegen der dem Ferdinand treugeblie-
bene und von ihm daselbst angestellte Banus Bathiany gehandhabt worden,
mit der ferneren Wirkung, daß, als es nachher zwischen Ferdinand und Zápolya zur Theilung dieses Königreiches gekommen, dem ersteren Croatien
und Slavonien im voraus zugeeignet wurde"*). Hiefür wurden sie von
Ferdinand I. 1564 mit einem eigenen Privilegium beschenkt.

Ebenso vorzüglich waren die Dienste dieser Serben in der Vertheidigung
des Landes wieder die Türken, den sie so beschwerlich fielen, daß der furcht-
bare Soleiman dem Waffenstillstande vom Jahre 1545 ihretwegen eine besondere Clausel beifügte; dann bei Gelegenheit der in den inner-österreichischen
Landen vorgenommenen Reformation und in dem hernach entstandenen 30-
jährigen Kriege in Deutschland, wo sie, zum ersten Male auf ausländischem
Boden, sich fürchterlich gemacht hatten, indem sie die Schweden in der Nörd-
linger Schlacht zum Wanken brachten**).

Zur Belohnung der so ausgezeichneten Dienste erhielten sie noch weitere
Begünstigungen durch das Brucker Libell von 1578 des von den inner-
österreichischen Ständen in Bruck an der Mur abgehaltenen Landtages, dann
ein zweites Privilegium von Ferdinand II. im Jahre 1627 und eine förmliche Landesverfassung für die obenerwähnten Generalate Warasdin und
Karlstadt von demselben Könige im Jahre 1630, wornach sie als besondere
Körper, von Ungarn und beziehnngsweise Croatien gänzlich abgesondert, be-
trachtet und durch den inner-österreichischen Hofkriegsrath administrirt
wurden***). Zu dem Karlstädter Generalate sind später auch die Serben von
Lika und Korbava, als sie sich freiwillig Leopold I. unterwarfen, geschlagen
worden. Die erwähnte Landesverfassung wurde durch Ferdinand III. 1642,
ferner durch Leopold I. 1659, durch Karl III. 1617 und 1737, endlich
durch Maria Theresia 1742 und 1745 bestätigt.

Die so oft vorkommenden Reichsgesetze in Corpore juris hungarici:
„Valachorum privilegia cassentur", sind wider diese Privilegial-Verfassung
gerichtet, weil die Croaten diese Leute und überhaupt die Serben, stets nur
Walachen nannten und spottweise auch jetzt so nennen †).

Colonisten wieder. Unter Maximilian (1564—1576) ward die Ansiedlung ebenfalls aus Bosnien ansehnlich verstärkt, und unter Rudolph (1576—1608) kam
wieder ein zahlreicher Schwarm unter der Anführung des Vukovics und Braschino-
vics herüber. Mit ihnen langte auch der serbische Metropolit Gabriel mit etwa
70 Kalugern an, der hernach das Kloster Marcsa wieder herstellte.
*) Kurzer Bericht von der Beschaffenheit der illyrischen Nation in k. k. Erb-
landen. Frankfurt und Leipzig 1802. S. 11.
**) Derselbe S. 13, dann Mathias Stopferts Statistik der Militärgränze.
Graz 1840. S. 10.
***) Bartenstein. S. 23—24 und 71.
†) Csaplovics. Slavonien und zum Theil Croatien. Pest 1819. II. S. 20. Diese
Privilegien und Statuta Valachorum sind in der alten serbischen Severiner Kirche, und

Rudolph II. und Mathias II. erkannten diesen Serben als Verdienst zu, die Türken von dem Eindringen in die Königreiche Croatien und Slavonien abgehalten zu haben und Ferdinand II. rühmte in seinem Privilegium vom 15. November 1627 die von denselben Serben „der ganzen Christenheit, und besonders der Krone Ungarn geleisteten ersprießlichen Dienste sehr an" *).

Es verdient hier noch bemerkt zu werden, daß die Serben Croatiens und Ungarns auch während der zu dieser Zeit ausgebrochenen Bocskay'schen Unruhen für den legitimen König tapfer gekämpft haben.

V.

Die größte und bedeutendste Einwanderung der Serben geschah im J. 1690 unter Leopold I. mit dem Patriarchen von Ipek, Arsen III. Csernovics.

Schon in dem vorangegangenen Jahre sind einige tausend Serbler unter der Anführung des im J. 1663 von dem Ipeker serbischen Patriarchen Maxim einvernehmlich mit vielen ehemaligen serbischen Bojaren (Blasteli) und in Anwesenheit des österreichischen Gesandten Christoph Kinzberg in der Kirche zu Adrianopol zum Despoten im Geheimen ausgerufenen, von Leopold I. in dieser Würde urkundlich anerkannten und im J. 1683 in den österreichischen Freiherrn- und 1688 in den Grafenstand erhobenen Georg II. Brankovics — zur kaiserlich-königlichen Armee übergegangen. Dieser serbische Despot ward hernach in Wien verhaftet, und in die Festung Eger nach Böhmen geschickt, wovon noch weiter unten die Rede sein wird.

Als sich das Kriegsglück von den k. k. Waffen in der Türkei abzuwenden begann und eine Heeresverstärkung wegen anderweitiger Staatsverwicklungen unmöglich schien, fand sich Leopold I. bestimmt, nunmehr das ihm schon früher vorgeschlagene Hülfsmittel in Anwendung zu bringen, nämlich die christlich-slavischen Völker in der Türkei zum Aufstande gegen die barbarischen Bedrücker und zur Auswanderung in Seine Staaten zu bewegen, worüber mit dem serbischen Patriarchen Arsen Csernovics auf Betrieb des Despoten Georg II. Brankovics schon vordem Unterhandlungen angeknüpft waren, welche nun die besten Erfolge in Aussicht stellten.

Leopold I. erließ daher am 6. April 1690 an die unter der türkischen Botmäßigkeit befindlichen Serben den Aufruf: bei dieser so günstigen Ge-

---

zwar in dem Glockenthurme, dessen Eingang mit einer eisernen Thür und den daran hängenden großmächtigen Schlössern verwahrt war, durch zwei Schildwachen bewacht worden. In der neuesten Zeit, als die neue serbische Kirche zu Severin (in der Pakraţer Diöcese) fertig wurde, übertrug man diese Original-Privilegien, 8 Stück an der Zahl, aus der alten in die neue Kirche, wo sie noch heutzutage aufbewahrt werden.
*) Minister Br. Bartenstein. S. 70. 71.

legenheit muthig die Waffen gegen die Türken zu ergreifen, auf seine Seite zu treten und vereint mit seinem Heere (armis Nostris sociati) ihm zum Siege gegen die barbarische Tyrannei derselben zu verhelfen (juvent), indem er ihnen Schutz, ungehinderte Religionsübung, freie Wahl eines Wojwoden, und nach dem Kriege eine ganz zu ihrer Zufriedenheit gereichende innere Organisation feierlichst zusicherte. „Auf daher", so schließt Leopold I. sein Einladungsdiplom, „in Gottes Namen für Eure Religion, Euer Heil, für die Wiedererlangung Eurer Freiheit und Sicherheit; tretet furchtlos in unsere Lande über; verlasset Eure Heimath und die Arbeit der Felder; ladet Eure Brüder zur Befolgung Eures Beispieles ein; ergreifet diese Euch von Gott und Mir dargebotene, und nimmermehr wiederkehrende Gelegenheit, wenn Ihr Euer Wohl, das Wohl Eurer Söhne und Eures geliebten Vaterlandes befördern wollet."

Nach Empfang dieses kaiserlich-königlichen Diplomes entschloß sich der serbische Patriarch Arsen III. Csernovics gegen die in demselben Diplome enthaltenen, mit königlichen Worten garantirten Bedingnisse nach Ungarn auszuwandern, und er kam mit 37—40,000 Familien (mindestens 500,000 Seelen *) herüber, welche sich in Syrmien, in Slavonien, in der Bácska und in der Gegend von Ofen und Szt. Endre niederließen. Er kam mit einem durchaus bewaffneten tapferen Volke, mit wohl organisirten geistlichen und weltlichen Behörden, mit den Archiven und allen Schätzen der Nation. „Denn es war," wie der berühmte österreichische Minister Freiherr von Bartenstein in seinem Berichte über die serbische Nation S. 25 ganz vortrefflich bemerkt, „nicht mehr darum zu thun, vertriebene Flüchtlinge auf- und anzunehmen, oder ihnen einige öde Gründe einzuräumen, sondern ansässige und vermögliche Leute, die in ihrer Religionsübung nicht gestört wurden, zu bewegen, daß sie mit Gefahr Leibs und Lebens, Habe und Guts aus der türkischen Botmäßigkeit in die hiesige übertreten möchten."

Diese Einwanderung der Serben war für die Monarchie und das Land von der größten Wichtigkeit, da sie gerade damals erfolgte, als der Zustand der Monarchie sehr traurig und verzweifelt schlecht war. Denn Belgrad ging verloren, und so wurde den wüthenden Horden des Sultans das Thor geöffnet; der kaiserliche General Strasser wurde in Bosnien erschlagen, und seine Kriegsmacht zerstreut; Ofen, das Vorwerk Wiens, war nicht in Vertheidigungszustand gesetzt, es war daher auch Oesterreich der türkischen Wuth preisgegeben; Siebenbürgen stand unter dem Schutze der Türken; das temeser Banat und Großwardein waren in der Gewalt derselben, die auch von dieser Seite das Reich bedrohten; Ober-Ungarn war voll von Mißvergnügten und Tököly'schen Anhängern. Nebstdem sah man sich in einen schweren Krieg mit Frankreich verwickelt, welcher einem Theile der k. k. Truppen, und zugleich

---

*) Bekanntlich leben die Serben in Hauscommunion und auch dermalen sind in der Militärgränze, welche auf diesem System beruht, die Familien zu 15—20 Köpfe stark.

in den Niederlanden für beide Seemächte und Spanien nicht glücklich von Statten ging.

Die Serben kamen, wie es schon gesagt ist, auf die Einladung des Leopold I. unter ihrem Patriarchen Arsen III. Csernovics, und „dieses ist von so gedeihlicher Wirkung gewesen," sagt der ofterwähnte Freiherr v. Bartenstein, Minister unter Joseph II., „daß von jener Zeit an, bis zum Schlusse des Karlovitzer Friedens (1699) die kaiserlichen Waffen sowohl über die Ungläubigen, als die mit ihnen vereinten Tököly'schen Anhänger immer obgesiegt haben, und dem durchlauchtigsten Erzhause mehrere, noch heutigen Tags besitzenden Länder zu Theil wurden." *)

Diese eben so große als erfolgreiche Einwanderung der Serben geschah per modum Pacti **) zwischen dem Leopold I. und der serbischen Nation, wornach der letztern mittelst der Privilegien vom 6. April, 21. August und 11. December 1690, 20. August 1691 und 4. März 1695 ***) verschiedene Rechte zugestanden, und von derselben Nation dafür Verpflichtungen übernommen wurden.

Die Cardinal-Rechte, welche den Serben in den obangeführten Leopoldinischen Privilegien theils als Entschädigung dafür, daß sie ihr Hab und Gut und ihr Vaterland verließen, theils als Belohnung ihrer wirksamsten Kriegsdienste verliehen und garantirt wurden, bestimmen:

1. Ihre Existenz als Nation.

Daß die Serben als Nation aufgenommen waren, zeigt schon die Inscription des Leopoldinischen Privilegiums vom 21. August 1690: „Dem verehrten, andächtigen und von Uns geliebten Arsen Csernovics, Erzbischofe der Serben orientalischer Kirche, den Bischöfen und allen geistlichen und weltlichen Ständen, Capitänen und Vice-Capitänen, endlich der ganzen Gesammtheit derselben serbischen Nation griechischen Glaubensbekenntnisses in Ungarn, Slavonien u. s. w." (Honorabili, devoto, nobis dilecto Arsenio Csernovich Orientalis Ecclesiae Ritus Rascianorum Archiepiscopo, Episcopis omnibusque aliis Ecclesiasticis et Saecularibus Statibus, Capitaneis, Vicecapitaneis, toti denique communitati ejusdem graeci Ritus et Nationis Rascianorum etc.) Auch später reden Joseph I., Karl VI. und Maria Theresia immer von „Ständen der ganzen serbischen Nation" (Status totius Nationis Rascianae); Karl VI.

---

*) Kurzer Bericht von der Beschaffenheit der illyrischen Nation. S. 17.
**) Freiherr Bartenstein, Minister unter Joseph II., sagt in seinem ofterwähnten Berichte, über die illyrische Nation S. 35, „die vorhin per modum Pacti gethanen Zusagen." Auch in der Vorrede zu demselben Werke heißt es: „Von dem Vertrage an, welchen Kaiser Leopold I. zur Zeit der Einwanderung der Illyrer in die Erbstaaten, mit ihnen eingegangen hat."
***) Die drei letzten Privilegien wurden von der königl. ungar. Hofkanzlei ausgefertigt, und von ungar. Kanzlern mit unterfertigt. Die serbischen Privilegien sind hernach durch Joseph I. am 7. August und 29. September 1706, durch Karl III. am 2. August 1713 und 10. April 1715, und durch Maria Theresia am 24. April und 18. Mai 1743 bestätigt worden.

sagt: „Die serbische Nation, bie sich nach Abschüttelung bes türkischen Joches unter Unser Schutz-Panier löblich begab" (Natio Rasciana, quae excusso jugo turcico sub umbram protectionis nostrae cum laude confugit.) Die Könige reben von Diensten ber serbischen Nation als von ben Diensten ihrer Vasallen. Sie waren als Vasallen alle, „mit ber ganzen Familie unb mit allen Effecten, Gütern unb bem Vermögen in bie königliche Bewahrung unb einen besonberen Schutz" aufgenommen. In bem Hoffkriegs-raths-Rescripte vom 31. Mai 1694 heißt es schließlich: „Außerbem geruhten Seine k. k. Majestät über bie vom H. Erzbischof unb Vice-Wojwoben eingereichten Punkte unb zwar ad 1. unb 2. hinsichtlich ber Freiheit unb Unabhängigkeit allergnäbigst zu gestatten, baß bie ofterwähnte serbische (Rusciana) Nation auf biese Weise herübertretenb, unb in ber bisher bewiesenen Treue beharrenb, nur Seiner k. k. Majestät untergeorbnet, unb von jeber anberen Abhängigkeit ber Comitate sowohl, als ber Grunbherrschaften frei unb exempt verbleibe" (solummodo Suae C. R. Majestati subjecta, ab omni alia dependentia vero tam Comitatuum, quam dominorum terrestrium exempta maneat.*)

Die Serben führten auch sonst immer ben Namen „Nation". Alle Rescripte unb Verorbnungen ber höchsten unb hohen Stellen enthielten immer bie Benennung „illyrische, b. h. serbische Nation." Die Versammlung, in ber bie ganze Nation repräsentirt wurbe, hieß „National-Congreß"; bie Fonbs ber Nation hießen stets „National-Fonbs" zc.

2. Versprach man ben Serben, sie in ihr früheres Vaterland wieder einzuführen, sobalb es nämlich von bem türkischen Joche befreit wirb, unb als bies nicht glückte, bestimmte man ihnen eigene Ansiedelungsorte zu Wohnsitzen in ben ungarischen Lanben.

Denn es heißt in bem Privilegium vom 20. August 1691: „Wir werben Uns möglichst bestreben, um burch unsere siegreichen Waffen mit Gottes Hülfe bie gebachte serbische Nation je früher in bie vorbem besessenen Territorien ober Wohnorte wieder einführen, unb bie Feinbe von bort vertreiben zu können" (Adhibebimus pro omni possibili omnem conatum, ut per victoriosa arma Nostra auxiliante Deo, repetitam Gentem Rascianam quo citius in Territoria, seu Habitationes antehac possessas denuo introducere, et inimicos abinde repellere possimus), in bem später verliehenen Privilegium vom 4. März 1695: „Bis zu Unserer weiteren, nach ben Zeitumstänben zu treffenben Verfügung unb Regelung haben Wir allergnäbigst becretirt, baß bie ganze serbische Nation in Unseren Lanben, nämlich in ben berselben gewährten Stätten verbleiben könne." (Usque ad ulteriorem benignam Dispositionem et Ordinationem No-

---

*) Raichs Nachtrag (Прибавление) ber wichtigen Urkunden unb Privilegien zur Beleuchtung ber Geschichte ber slavischen Völker. 1795. S. 369—396. — Dr. Subotics Darstellung ber Rechtsverhältnisse ber serbischen Nation. Agram 1849. S. 20.

stram pro ratione temporis instituendam clementer decrevimus, ut — — populus omnis (Rascianus seu Servianus) in Ditionibus Nostris locis videlicet sibi — — concessis perseverare possit etc.)

Auf dieses, sowie auf die sonstigen von Leopold I. gethanen deutlicheren Zusagen gestützt, petitionirte schon der Patriarch Arsen Csernovics um die Bestimmung eines eigenen Territoriums für die Serben, und nahm hiezu die von den letzteren damals fast ausschließlich bewohnten Gegenden, als Syrmien, Bacska, Slavonien 2c. (Banat befand sich zu jener Zeit noch in türkischer Gewalt) in Anspruch. Dasselbe that auch dessen Nachfolger der Metropolit Jsaias Diakovics bei der Gelegenheit, als er von dem Könige Joseph I. beauftragt war, von Syrmien und Bacska je zwei Deputirte für den auf den 29 Februar 1708 nach Preßburg einberufenen Landtag zu bestimmen, und in seinem hierauf erstatteten Vollzugsberichte vom 4. Jäner 1708 das Ansuchen stellte: „Da es schon im Jahre 1694 die allergnädigste Absicht und der Wille des allerdurchlauchtigsten Kaisers Leopold, des Vaters Eurer Majestät glorreichen Andenkens, war, daß für unsere Nation ein abgesondertes Territorium ausgeschieden werde, wie A, was aber damals nicht effectuirt wurde, geruhen Euer Majestät darüber allergnädig zu verfügen" (Siquidem jam Anno 1694 ea erat benignissima Aug.-Caes. Leopoldi Majestatis Vestrae genitoris gloriosissimae recordationis, mens et voluntas, ut Nationi Nostrae separatum excindi debuisset Territorium ut A) quod autem eotum effectui mancipatum non est, Majestas Vestra sacratissima eatenus clementissime providere dignabitur), bittend, diese Territorialfrage sammt noch zehn anderen, die serbische Nation betreffenden Punkten, gelegenheitlich des bevorstehenden ungarischen Landtages austragen lassen zu geruhen. *) Die wichtigsten unter diesen Punkten waren jene drei (8, 9 und 11), in welchen er petitionirte: a) der serbischen Nation, dem geistlichen sowie dem weltliche Stande, Sitz und Stimme an allen ungarischen Landtagen zu gewähren, sowie dies vor der türkischen Occupation der Fall gewesen sein mochte („ubi Rasciae Despotus inter primarios Sacrae Coronae Hungariae Barones censitus"); b) ihre National-Congresse unter ihnen mit Vertretern der beiden Stände, so oft die Nothwendigkeit eintritt, nach ihrem herkömmlichen Gebrauche frei halten zu dürfen; und endlich c) die von Leopold I. der serbischen Nation verliehenen Privilegien zu deren wirksamerer Aufrechthaltung, ohne irgend welche Clausel diaetaliter zu inarticuliren.

Ob die durch den Metropoliten Diakovics von Syrmien und Bacska bestimmten serbischen Deputirten auf dem Landtage 1708 erschienen sind, und ob auf demselben die obbesprochenen serbischen Petitonen zur Sprache kamen, konnte man trotz der sorgfältigsten Nachforschung nirgends einen Aufschluß finden, wobei bemerkt wird, daß die Jnarticulation der Gesetze des fraglichen Landtages wegen der mittlerweile ausgebrochenen Pest, und des hierauf

---

*) Прибавленіе oder Nachtrag der wichtigen Urkunden zur Beleuchtung der Geschichte der slavischen Völker 1795. S. 420—428.

erfolgten Todes des Königs unterblieben sei. *) Nur so viel ist es gewiß, daß die von der österreichischen Staatsregierung zuerst im Jahre 1723 angesonnene Inarticulirung der serbischen Privilegien von dem ungarischen Landtage abgelehnt wurde, da in Ungarn ein Widerstreben gegen die Sonderstellung der Serben ununterbrochen währte. **)

Die Frage über die Ausscheidung eines bestimmten Territoriums für die Serben wurde auf dem im J. 1790 zu Temesvar abgehaltenen serbischen National-Congresse wieder angeregt, und in Form eines Postulates forderte man mit allem Nachdrucke, daß der serbischen Nation ein eigenes Gebiet zur Formirung einer von Ungarn unabhängigen Provinz (einer serbischen Wojwodschaft) eingeräumt werde.

Die den Serben privilegialiter garantirten Grundrechte bestimmen ferner:

3. Die freie Ausübung der Religion nach den Gebräuchen der griechisch-orientalischen Kirche und nach altem Herkommen der Nation mit Aufrechthaltung des alten Kalenders.

Denn es heißt in dem Privilegium vom 20. August 1691: „Wir haben allergnädigst beschlossen, daß Ihr den Ritus der orientalischen Kirche nach dem Gebrauche der Serben und der Norm des alten Kalenders frei behaltet;" (Benignissime decrevimus, ut juxta orientalis Ecclesiae Graeci Ritus Rascianorum consuetudinem, ad normam veteris Calendarii, libere conservimini) und in dem Privilegium vom 4. März 1695: „Wir haben gnädigst beschlossen, daß die serbische Nation die freie Ausübung ihrer kirchlichen Gebräuche und Religion ohne allen Abbruch genießen könne" (Clementer decrevimus — — ut populus Rascianus seu Servianus — — libero sui Ritus et Professionis Exercitio absque omni detrimento gaudere — — possit).

4. Das Recht, ein Oberhaupt der Kirche (Patriarchen) zu wählen.

Nach dem Privilegium vom 20. August 1691: „Es soll Euch erlaubt sein, unter Euch, nach eigenem Willen, aus der serbischen Nation einen Erzbischof zu haben, den der geistliche und weltliche Stand unter sich zu erwählen haben wird; und dieser Erzbischof soll wie bisher das Recht haben, den griechisch-orientalischen Kirchen und der ganzen Gesammtheit derselben Profession aus eigener kirchlicher Machtvollkommenheit vorzustehen" (Liceatque vobis inter vos, ex propria facultate ex Natione et lingua Rasciana constituere Archiepiscopum, quem Status Ecclesiasticus et saecularis inter se eliget; isque Archiepiscopus, — — sicut hactenus Graeci Ritus Ecclessii et ejusdem Professionis Communitati praeesse valeat ex propria

---

*) Corpus Juris hungarici, Budae 1779. Tom. II. pag. 90.
**) Actenmäßige Darstellung der Verhältnisse der gr. n. u. Hierarchie in Oesterreich, dann der illyrischen National-Congresse und Verhandlungs-Synoden. Wien 1860. S. 14.

Authoritate ecclesiastica); und wiederum daselbst: „Daß alle von dem Erzbischofe als ihrem kirchlichen Oberhaupte abhängen sollen" (ut omnes ab Archiepiscopo tamquam Capite suo Ecclesiastico — — dependeant). Das serbische Patriarchat datirt aus dem XIV. Jahrhunderte, und Arsenius III. Csernovics, der die Nation im Jahre 1690 herüberführte, brachte denselben Titel mit, konnte ihn aber vermöge des obcitirten Privilegiums auf seine Nachfolger nicht übertragen.

Der Regierung lag wenig daran, die Patriarchenwürde aufrecht zu erhalten, obwohl bereits eine zur Untersuchung von Beschwerden der serbischen Nation angeordnete Conferenz in ihrem Vortrage vom 9. Juli 1734 hervorgehoben hatte, „es wäre seiner Zeit auch zu bedenken: ob man nicht der raitzischen Nation einen eigenen Patriarchen, wie der mit seinem Volke anno 1690 aus dem Türkischen herübergetretene Erzbischof Arsenius Csernovics gewesen, angedeihen lassen wollte." *)

Später als der Patriarch Arsenius IV. Joannovics Schakabent, im Jahre 1737 aus Serbien mit vielem Volke herüber kam, wurde ihm die Patriarchenwürde von Maria Theresia, mittelst des Diploms vom 18. Mai 1737 bestätigt: „Wir haben aus Unserer königlichen Machtvollkommenheit und obersten Autorität — — Arsen Joannovics in der Patriarchalwürde bestätigt." (De potestatis Nostrae Regiae plenitudine ac Authoritate suprema — Arsenium Joannovich in patriarchali dignitate confirmavimus). Dieß unterließ man jedoch nach seinem Ableben gleich wieder, und seine Nachfolger erscheinen immer als Erzbischöfe und Metropoliten.

Erst mit dem Allerhöchsten Manifeste vom 15. Mai 1848 haben Se. k. k. apostolische Majestät Franz Joseph I. in Anerkennung der Verdienste der serbischen Nation die oberste kirchliche Würde des Patriarchates, wie sie in früheren Zeiten bestand, herzustellen geruht.

5. Das Recht einen Wojwoden zu wählen.

Nach dem Privilegium vom 6. April 1690: „Wir versprechen Euch die Freiheit, einen Wojwoden zu wählen (Promittimus vobis eligendi Vajvodae libertatem).

6. Die innere Selbstverwaltung nach den herkömmlichen Gebräuchen der Nation.

Denn es heißt in dem Privilegium vom 20. August 1691: „Wir wollen, daß die serbische Nation unter der Leitung und Verwaltung ihres eigenen Magistrates verbleibe, und die ihr von unserer Majestät gnädigst verliehenen alten Vorrechte und ihre Gewohnheiten ungestört genießen könne" (Volumus ut sub directione et dispositione proprii Magistratus eadem gens Rasciana perseverare et antiquis privilegiis, eidem a Majestate Nostra benigne concessis, ejusque consvetudinibus imperturbate

---

*) Actenmäßige Darstellung der Verhältnisse der gr. n. u. Hierarchie in Oesterreich. Wien. S. 10.

2*

frui valeat). **Karl VI. ober III.** ſagt in bem Diplome vom 10. April 1715, er beſtätige bie Leopolbiniſchen Privilegien: „Auf baß Anſuchen ber ſerbiſchen Nation, ihrer Verweſer unb Beamten" (ad requisitionem nationis Rascianae illiusque Rectorum et Officialium). *)

Dieß ſinb bie Grunbrechte, welche ber ſerbiſchen Nation bei beren Ueberſieblung von Leopolb I. per modum Pacti zugeſtanben worben ſinb. Die Verpflichtungen, welche ben Serben in ben obbezogenen Privilegien auferlegt wurben, beſtehen in ber Unterthanßtreue gegen bie f. f. apoſtoliſche Majeſtät unb in ben Kriegßbienſten gegen bie Türken.

Beibeß erfüllten ſie vollkommen; benn ihre Treue blieb ſtetß makelloß, unb ihre Kriegßbienſte, bie ſie nicht nur gegen bie Türken, ſonbern überhaupt gegen alle Feinbe ber Monarchie leiſteten, waren höchſt wichtig unb erfolgreich, wie bieß bie vaterländiſche Geſchichte, bie Urkunben beß Staatsarchives, am ſprechenbſten aber bie gekrönten Häupter Ungarnß ſelbſt bezeugen.

So ſagt Leopolb I. in bem Privilegium vom 4. März 1695: „In Erwägung ber von ber beſagten ſerbiſchen Nation gegen ben allgemeinen Feinb ber Chriſtenheit tapfer geleiſteten unb mit Strömen von Blut beſiegelten Dienſte" (fidelibusque dicti populi Rasciani servitiis contra communem Christianitatis hostem generose impensis, copiosaque sanguinis effusione contestatis, in benignam reflexionem sumptis). — Joſeph I. in bem Diplome vom 7. Auguſt 1706: „In Betracht ber außgezeichnetſten Verbienſte, bie ſich bie illyriſche ober ſerbiſche Nation um Unſer burchlauchtigſteß Hauß erworben hat" (Considerantes igitur benigne — — Populi Illyrici sive Rasciani Merita praestantissima de Augusta Domo Nostra sibi comparata), unb wieber: „Die beſagte ſerbiſche Nation iſt nicht nur unter allen Zeitverhältniſſen, alß bie Kriege gegen ben bitterſten Feinb entflammt waren unb auch bie Gewaltthätigkeiten ber Rebellen währten, in ihrer makelloſen unb vollkommenſten Treue gegen Unſer burchlauchtigteß Hauß unerſchütterlich geblieben, ſonbern hat auch ben beſonbern Eifer ihrer Ergebenheit unb Willfahrt in ben meiſten Fällen, ſowohl burch Förberung beß Nutzenß unb Dienſteß für Unſer Hauß, alß auch burch prompte Leiſtung ber Hülfßbeiträge unb Tragung ber öffentlichen Laſten großmüthig an ben Tag gelegt" (dicta Gens et Natio Rasciana per omnes rerum vicissitudines, flagrantibus cum acerrimo hoste bellis, durantibus etiam rebellium violentiarum — — in illibata et integerrima erga Augustam Domum Nostram fidelitate immota semper perstitit, verum etiam specialem suum devotionis, obsequiique zelum plurimis in occasionibus, tam pro-

---

*) Noch unter Joſeph II. beſtanben viele ſerbiſche Magiſtrate, wie bieß auß ben Inſtructionen für bie zehn lanbeßherrlichen Commiſſarien, dd. 30. März 1785 zu entnehmen iſt. — Der ſerbiſche Magiſtrat zu Temeßvar, in beſſen Amtßgebäube ſich baß heutige beutſche Theater befinbet, bauerte biß 1782, unb wurbe in bieſem Jahre, alß bie Stabt bie königlichen Elibertationß-Privilegien erhielt, mit bem beutſchen Magiſtrate vereinigt. — Die Spuren von bieſen ſerbiſchen Magiſtraten erhielten ſich noch in ben Diſtrictual-Magiſtraten beß Groß-Kikinbaer unb Alt-Becſeer Kronbiſtricteß biß zu ben neueſten Zeiten.

movendo commodo, servilioque Domus Nostrae, quam ferendis promptis suppetiis et sublevandis oneribus communibus magno animo demonstravit). — Karl VI. in dem Diplome vom 10. April 1715: „Die illyrische oder serbische Nation hat uns und der Christenheit treue und nützliche Dienste geleistet" (Natio Illyrica seu Rasciana fidelia et proficua servitia Nobis et Reipublicae Christianae praestitit). — Maria Theresia in dem Diplome vom 24. April 1743: „Dieselbe serbische Nation hat mit den in Ungarn, Croatien und Slavonien zahlreich gesammelten, und mit eigenem Gelde gehörig ausgerüsteten Truppen wohl versehen, an der Seite unserer Kriegsheere in Bayern, Böhmen und Italien gegen alle Feinde mannhaft und tapfer gekämpft, und dergestalt die Pflicht getreuer Unterthanen und Vasallen trefflich erfüllt" (idemque Populus Illyricus contractis ex Regno Hungariae, Croatiae et Slavoniae in magno numero armatorum copiis bene instructus, et militaribus requisitis proprio aere comparatis, debite provisus ad Exercitus Nostros in Bavaria, Bohemia et Italia locatos contra hostes quoscunque fortiter et strenue militaverat, taliterque fidelium subditorum et Vasallorum obligationem rite adimpleverat). — Seine k. k. apostolische Majestät Franz Joseph I. in dem a. h. Manifest vom 15. December 1848: „Unsere tapfere und treue serbische Nation hat sich zu allen Zeiten durch Anhänglichkeit an Unser kaiserliches Haus und durch heldenmüthige Gegenwehr gegen alle Feinde Unseres Thrones und Unserer Reiche rühmlichst hervorgethan."

Die Serben, größtentheils die ungarische und croatische Gränze bewohnend, haben wahrhaft an allen von Oesterreich geführten Kriegen, namentlich aber an dem österreichischen Erbfolgekriege von 1740 bis 1748, wo ein Drittel der 300,000 Mann starken Armee die Gränzer ausmachten, dann an den Feldzügen gegen die Türken bis 1791 und an den französischen Revolutionskriegen von 1793 bis 1815, so wie an den ungarischen und italienischen Feldzügen der neuesten Zeiten, den thätigsten und bedeutendsten Antheil genommen.

VI.

Gleich nach erfolgter Niederlassung der Serben unter dem Patriarchen Arsen III. Csernovics im Jahre 1690, war es eine ihrer ersten und angelegentlichsten Sorgen, an dem denselben rechtsbrieflich garantirten Wahlrecht eines eigenen Wojwoden festhaltend, die Befreiung des von ihnen schon gewählten und von der Regierung anerkannten Wojwoden Georg II. Brankovics auszuwirken. Es wurde aber die diesfällige Verwendung der Nation für den letzteren in diesem Jahre, wie in den nachfolgenden Jahren 1691, 1692, 1693 und 1699 durch ihre Abgeordneten, von keinem Erfolge begleitet. Der Wojwode ist bei der zuletzt ausdrücklich gegebenen Erklärung: „nihil mali fecit, sed sic ratio status exposcit," bis zu seinem im Jahre 1711 am 19. September erfolgten Tode zu Eger in Böhmen als Staats-gefangener behalten worden *).

Es lagen Gründe vor, welche die Besorgniß der Regierung erregten, man könnte in ihm allenfalls einen zweiten Zapolya sich auf den Hals laden **). Man ist daher von dem Zugeständnisse, einen eigenen Wojwoden als mili-tärisch-politischen Chef der Nation zu wählen, gleich nach erfolgter Ueber-siedlung der letzteren abgekommen. Dagegen aber wurde dem Patriarchen Csernovics in der Privilegienurkunde vom 20. August 1690 auch die welt-liche Gewalt über die Nation („ut omnes ab Archiepiscopo tanquam capite suo Ecclesiastico tam in spiritualibus, quam saecularibus dependeant") zugestanden. Die angesonnene Windicirung derselben wurde später unter veränderten Umständen durch eine entsprechendere Auslegung des betreffenden Privilegialtextes (mittelst des an die neoacquistische, banatische und Essegg'sche Administration ergangenen Circularrescriptes vom Jahre 1729) als eine Anmaßung gedeutet, und die Gewalt des geistlichen Ober-hauptes wieder auf das alleinige kirchliche Gebiet zurückgeführt.

Unterdessen hatte Leopold I. dem von der serbischen Nation wiederholt vor-gebrachten dringenden Ansuchen, bis zur Austragung der Angelegenheit des inhaftirten Wojwoden Brankovics, sich einen Vice-Wojwoden zu wählen, ge-währende Folge gegeben, und den von der Nation zum Vice-Wojwoden erwählten (electum a communitate Rasciana) Johann von Monasterly aus Komorn, in dieser Würde mittelst des Diploms vom 11. April 1691 bestätigt.

---

*) Die irdischen Ueberreste dieses letzten serbischen Despoten wurden später im Jahre 1743 nach Syrmien in das Kloster Kruschedol übertragen. Der Despot schrieb während seiner Gefangenschaft die Geschichte der serbischen Nation, deren Manuscript in der National-Bibliothek zu Karlovitz aufbewahrt wird. Vergleiche Raic's Nachtrag der wichtigen Documenten zur Beleuchtung der Geschichte der slavischen Völker. 1795. S. 282—367.

**) Freiherr von Bartenstein, österr. Minister, sagt in seinem oftcitirten, zum Unterrichte Joseph II. abgefaßten Berichte über die illyrische Nation S. 107: „Als unter des frommen Kaisers Leopold Regierung, die unter dem türkischen Joche seufzenden Illyrier (Serben) herüber zu treten und für die Christenheit zu streiten eingeladen wurden, hat man für sie so große Achtung bezeigt, daß selbster Kaiser, um sie nur zu gewinnen, nicht angestanden, ihnen sogar die Freiheit anzubieten, einen eigenen Wojwoden zu erwählen, wo doch diese Freiheit überaus bedenklich, und der königl. Oberbotmäßigkeit überaus abbrüchig gewesen sein würde. Wie ge-fährlich ein solcher Wojwode ist, hat das durchl. Erzhaus zur Zeit, als Ferdinand I. und dessen Gemahlin das Königreich Ungarn zugefallen, in der Person des Zapolya zur Gnüge erfahren; und die nach Zapolyas und seines Sohnes Tode durch Wahl erwählten Fürsten von Siebenbürgen, haben ihm eben so vieles zu schaffen ge-macht. Gleichwohl ist man im Jahre 1690 — von diesen Betrachtungen um deßwillen abgegangen, weil man sich von der zahlreichen Herübertretung der Illyrier einen noch wichtigeren Nutzen versprochen hat, worin man sich auch nicht ganz geirrt haben mag."

Der serbische Vice-Wojwode Johann von Monoßterly nahm mit seiner serbischen Nationalmiliz an allen Kämpfen sowohl gegen die Türken, als die Rákóczys-Anhänger ben thätigsten Antheil und zeichnete sich überall, insbesondere aber in der Schlacht bei Szlankamen in Syrmien (1692), bei Eseney im Banat (1696) und bei Zenta in der Bácska (1697) durch seinen unerschrockenen Muth und seine persönliche Tapferkeit rühmlichst aus *). Die Serben, deren Beistand gegen Rákóczy in Anspruch genommen wurde **), schlugen die Truppen des letzteren bei Fünfkirchen, Siklos, Kecskemét, Szegedin, Bács ꝛc. so fürchterlich, daß sie zu Schreckbildern für weinende Kinder wurden und von den Kurutzen den Namen „Vad Rácz" (wilder Raitze) erhielten. Welches Gewicht die Beihülfe der Serben für die Parteien hatte, beweist das bekannte Schreiben des Rákóczy an den Patriarchen Arsenius Csernovics, ddo. Gyöngyös, 6. Sept. 1704, worin er den Serben die Wiederherstellung ihrer Privilegialrechte, in wiefern diese geschmälert worden sind, auf das kräftigste verhieß. Der dem k. k. Hofe getreue Patriarch sandte aber Rákóczy's Schreiben nach Wien.

Für diese loyale Haltung und geleisteten wesentlichen Dienste sollte Joseph I. den Serben in dessen Diplome vom 29. September 1706 die volle Anerkennung mit den Worten: „Die serbische Nation hat zur Besiegung der innerlichen Empörungen, mit unsterblichem Ruhme, weder Gut noch Blut geschont, da sie mit Fahrenlassen aller Güter und Verachtung der Lebensgefahren und aller Schwierigkeiten, ihrem legitimen Könige und Herrn beständig anhing" (Gens illyrica seu Rasciana — — perduellium conatuum avertendorum causa, cum immortali laude, nec sanguini nec substantiae pepercit, posthabitis bonis omnibus et spretis vitae periculis, cunctisque difficultatibus, legitimo Regi et Domino suo constanter adhaerens), und versprach: die Leopoldinischen Privilegien „weiter zu erklären, und nach Zeitumständen zum eigenen Nutzen und Frommen der serbischen Nation in eine bessere Form zu bringen."

Auch sind um ein Jahr früher (18. Oct. 1705) die ersprießlichen Kriegsdienste des serbischen Vice-Wojwoden Monaßterly, mittelst eines an denselben gerichteten Rescriptes des Hofkriegsrathes, sehr lobend hervorgehoben worden.

Nach seinem Tode wurde aber die Würde eines serbischen Vice-Wojwoben nicht mehr verliehen. Der am 8. Juli 1707 Allerh. ernannte serbische Heerführer Moyses Raskovics, der Sprößling einer uralten serbischen Fürstenfamilie aus Stari Vlah, führte bloß den Titel eines Obersten der serbi-

---

*) Prinz Karl Thomas von Lothringen spricht im J. 1699: „Joannes Monasterly Vice-Ductor Gentis Rascianae, non parcendo vitae sanguinisque profusioni in omnibus cum Turcis habitis conflictibus utilia et maxime proficus, generosa, militariaque et heroica praestitit servitia."

**) „Caesar in hac Hungariae perturbatione, dum militem stipendiarium nequit propter Gallorum vim, ex Germania reducere: Rascianorum primum, deinde Croatarum adversus male quietos imperat auxilia", sagt der Fortsetzer der Geschichte des Illyricums von Du Fresne.

ſchen Nationalmiliz (Colonellus slavoniae nationalis militiae), zu Saren-
grab in Syrmien wohnend.

Der Friede von Karlovitz (26. Jäner 1699), durch welchen Serbien
mit dem untern Theile Syrmiens bis Eszlankamen und Mitrovitz unter die
türkiſche Botmäßigkeit kam, ſetzte der Hoffnung der Serben, in ihre früheren
Gebiete zurückgeführt zu werden, ein Ende, und ſie verblieben ſonach auf den
ihnen angewieſenen Orten definitiv angeſiedelt.

Die durch das Leopoldiniſche Privilegium vom 20. Auguſt 1691 zuge-
ſtandene innere Selbſtverwaltung der Serben ſcheint im Anfang vollſtändig
geweſen zu ſein. Für das Kirchenweſen hatten ſie ihre Metropoliten und Bi-
ſchöfe, für die militäriſchen Angelegenheiten ihren Vice-Wojwoden und Capitäne, für die juridiſchen und adminiſtrativen ihre eigenen Magiſtrate.

Sie waren größtentheils, wenn nicht faſt ausſchießlich in den ſüdlichen
Gegenden Ungarns angeſiedelt, welche bald hernach nach dem Vorbilde der
croatiſchen Gränze als eine förmliche Militärgränze organiſirt wurden. Dieſe
Militärgränze faßte zu jener Zeit das ganze Syrmien und Slavonien, das
ganze temeſer Banat bis an die Maros und Theiß und die Bácska bis Zombor und M. Thereſiopel in ſich*).

Solchermaßen ſtanden ſie unter unmittelbarer Oberverwaltung des k. k.
Hofkriegsrathes und der k. k. Kammer in Wien, „nur Seiner k. k. Majeſtät
untergeordnet, und von jeder andern Abhängigkeit der Comitate ſowohl, als
der Grundherrſchaften frei und exempt,“ wie der mittelſt des oben ſchon an-

---

*) Die ſlavoniſche, dann die theißer und maroſcher Militärgränze entſtanden im
J. 1702. Faſt gleichzeitig nahmen die militäriſchen Orte in der Bácska ihren Ur-
ſprung. Nach Wiedereroberung Banats (1718) legte der Feldmarſchall Franz Graf
Mercy im J. 1724 den Keim zu einer neuen Gränzprovinz, als er auf den zahl-
reichen Prädien daſelbſt meiſt ſerbiſche Einwanderer anſiedelte, und unter dieſen eine
unbeſoldete Nationalmiliz bildete. Das ganze Banat, in die Diſtricte von Temesvar,
Becskerek, Csanád, Werſchetz, Lippa, Lugos, Karanſebes, Mehadia, Neu-Palanka und
Pancſova eingetheilt, ſtand bis 1751 unter einer durchaus militäriſchen Regierung,
und erſt in dieſem Jahre kam der obere Theil desſelben unter die civil-cameraliſche
Verwaltung der in Temesvar aufgeſtellten k. k. Landesadminiſtration, welcher hernach
im J. 1779 mit Ungarn einverleibt und in die Comitate Temesvar, Torontal und
Kraſsó eingetheilt wurde. — Die ſyrmiſch-ſlavoniſche Gränze erlitt ſchon im J. 1747
eine bedeutende Verminderung durch die Provincialiſirung und beziehungsweiſe Errich-
tung der Comitate Syrmien, Poſega und Veroviticza. Hingegen die Theißer und
Maroſcher Gränze ging im J. 1751 gänzlich ein. Faſt gleichzeitig wurde auch die
ganze Bácska bis auf das Tittler Csajkiſten-Bataillon provincialiſirt. Vergleiche
Stopfers Statiſtik der Militärgränze 1840. S. 10, 11, 12. Dieſe Provincialiſirung geſchah zufolge des ung. Geſetzart. 18: 1741. §§. 3 und 5: „Ut porro
L o c a etiam, militaria dicta, in Bacsienai, Bodrogienai etc. Comitatibus sita,
Jurisdictioni Regni et Comitatuum restituantur; — atque Districtus Tömös-
i e n s i s, S y r m i e n s i s et I n f e r i o r i s S l a v o n i a e — Regno pari modo
reincorporentur. — — Qui (Commissarii regii) in praeactactis Distrlcibus, nec
non aliis Partibus finitimis, terrenum pro regulandis Confiniis aptum et suffi-
ciens designabunt, Confiniariisque ad habitandum et obeunda inibi Munia assig-
nabunt. — Atque terreno hoc, moda/itate praevia exciso et assignato, residuam
Jurisdictioni Comitatuum in omnibus de pleno subjicient.“

geführten Hofkriegsraths-Decretes vom 31. Mai 1694 kundgegebene Allerh. Entschluß wörtlich lautete.

Ihre Nationsgeschäfte hat in höherer Sphäre anfänglich Graf Ulrich Kinsky privative, sodann Graf Heinrich Stratmann, beide österr. Minister unter Leopold I., verwaltet, und die Expeditionen wurden durch die österr. Staatskanzlei erlassen. Prinz Eugen von Savoyen leitete einige Zeit das serbische Nationalwesen, hernach aber eine eigene für die neuerworbenen Länder bestellte Commission in neo-acquisitis, die sogenannte neo-acquisitische Commission in Wien, welcher eine Subdelegation in den südlichen Gebieten (Temesvar, Essegg) unterstand. Endlich wurde im J. 1746 durch ein im Wege des Obersthofmeisteramtes erlassenes Decret für alle „die raitzische oder illyrische Nation" betreffenden Angelegenheiten als ein independentes Hofmittel die illyrische Hofdeputation unter dem Präsidium des Grafen Ferdinand Kolovrat ins Leben gerufen, die an die Stelle der neo-acquisitischen Commission trat, und deren vorbenannter Präsident in einem Vortrage, ddo. 27. Aug. 1748, die Einmengung der ungarischen Hofkanzlei in die serbischen Nations-angelegenheiten zurückzuweisen bemüht war, indem er darin die Ansicht verfocht, daß serbische Nationalwesen sei kein provinciale-hungaricum, sondern ein austriaco-politicum, und die „illyrische Nation selbsten ein Patrimonium domus Austriacae, und nicht regni Hungariae;" die südlichen Länder seien durch kaiserliche Waffen erobert, gehören somit dem kaiserlichen Hause und nicht der Krone Ungarns an ꝛc.*)

Aus dem Vorausgelassenen erhellt, daß die Serben, damals fast ausschließlich die Militärsgränze bewohnend, gewissermaßen einen eigenen politisch-staatlichen Körper, eine selbständige Provinz bildeten, deren organische Verfassung geeignet gewesen sei, ihr Volkthum und ihre Existenz als Nation zu wahren und zu sichern.

Daraus dürfte auch zum Theil der widrige Eindruck zu erklären sein, welchen die in Gemäßheit des ungarischen Gesetzartikels 18: 1741 erfolgte Provincialisirung der Militärortschaften in der Bačka, und eines Theiles der syrmisch-slavonischen, dann der Theißer- und Maroscher-Militärgränze, auf die Serben im allgemeinen gemacht hat. Viele tausende aus dem letztgenannten Gebiete, welche die Waffen nicht mit der Jobagyial-Unterthanschaft vertauschen wollten, wanderten im Jahre 1751 mit einer Menge ihrer Glaubensgenossen aus verschiedenen andern Landestheilen, die sich durch Verletzung ihrer National-Privilegien tief gekränkt fühlten**), unter Anführung der Capitäne Tököly und Horvath nach Rußland aus, und gründeten daselbst im Gouvernement Katharinoslav, was sie zu jener Zeit in Oesterreich nicht konnten — Neu-Serbien, wo sie in drei Militärdistricte eingetheilt, ein

---

*) Actenmäßige Darstellung der Verhältnisse der gr. n. u. Hierarchie in Oesterreich. Wien 1860. S. 14, 15.

**) Vorwort des Herausgebers der Bartensteinischen Schrift über die illyrische Nation. S. 4.

Hußaren- und fünf Infanterie-Regimenter errichteten. *) — Der Emigrationsgeist der durch rechtswidrige Kirchenunions-Versuche schon vorhin verletzten Serben hat nun aus obigem Anlasse stark überhand genommen, und es konnte dem Uebel nur durch neue, mittelst des Allerhöchsten Patentes vom 23. October desselben Jahres feierlichst gegebenen Versicherungen des Allerhöchsten Schutzes zur Würdigung ihrer staatsrechtlichen Ansprüche, Einhalt gethan werden.

Um die vielfältigen Klagen und Beschwerden der Serben endlich abzuthun und in ihren National-Angelegenheiten Ordnung herzustellen, ward im Jahre 1769 zu Karlovitz ein Nationalcongreß abgehalten, in dessen Erledigung das erste illyrische Regulamentum privilegiorum vom 27. September 1770 erlassen wurde, mit welchem jedoch die Nation nicht im Weiten zufrieden war. Die deswegen in den bischöflichen Synoden zu Karlovitz 1774 und 1776 ferner gepflogenen Verhandlungen hatten das zweite Regulament vom 2. Jänner 1777 zur Folge, welches aber einen noch widrigeren Eindruck auf den Clerus und die Nation machte. Sie schöpften Verdacht gegen den Metropoliten und die Bischöfe, als ob diese aus Willfährigkeit gegen die Regierung ihren Nationalprivilegien derogirt hätten. Die Privilegien, so sagte das die Bischöfe in Neusatz und Werschetz bestürmende Volk, seien nicht bloß den Bischöfen, sondern dem gesammten Clerus und der Nation verliehen, daher die Bischöfe allein darüber abzusprechen nicht berechtigt wären. Infolge dieser und anderer ähnlicher Auftritte, sah sich der Metropolit Vincenz Joanovics Vidák genöthigt, eine Gegenvorstellung bezüglich des zweiten Regulamentes einzureichen und sich deshalb mit dem Temesvarer Bischofe nach Wien zu begeben. Das Resultat der darüber bei den höchsten Hofstellen gepflogenen Berathungen war das Rescriptum declaratorium vom 16. Juni 1779, mit welchem nämlich das vorige Regulament der Privilegien näher erläutert wurde. Dieses Rescript, welches im Jahre 1782 mit einem Consistorial-System ergänzt wurde, bildet die seitdem unverrückt gebliebene staatsrechtliche Norm für die griechisch-nicht-unirten Cultusangelegenheiten in Ungarn und dessen Nebenländern mit Einschluß des Militärgränz-Gebietes.

Dasselbe enthält aber, wiewohl es sich um eine Revision der serbischen Privilegien überhaupt handelte, von dem Privilegial-Zustande der serbischen Nation in politisch-staatlicher Beziehung keine Erwähnung, etwa darum, weil man bei veränderten Umständen eine derartige Sonderstellung der Serben als mit anderen Staatsrücksichten nicht mehr vereinbarlich erkannt haben mochte.

---

*) Die Serben gaben ihren neuen Colonien in Rußland die Namen der heimathlichen Orte, aus welchen sie auswanderten, als: Pecska, Csongrab, Csanab, Nablak, Semlak, Werschetz, Kovin, Pancsova, Zemlin, Szlankamen, Kamenitz, Bukovar, Martonos, Kanizsa, Zenta, Becse, Földvar, Mosorin, Szent-Tamas, Bombor, Szuboticza (Szabadka), Warasbin, Glogovacz etc. Siehe: Joannis Tomka Szaszky Introductio in Orbis antiqui et hodierni Geographiam etc. aucta supplementis opera ac studio Joannis Severini. Editio altera. Posonii et Cassoviae 1777. pag. 424.

Die Selbständigkeit der serbischen Nation betreffend, wurden in dem Regulament von 1777 bis am 13. Februar 1763 mit wesentlichen Modificationen bestätigten serbischen Privilegien aufrecht erhalten; der Wirkungskreis des Metropoliten ausdrücklich auf die Verrichtungen eines Oberhauptes in Kirchensachen beschränkt und die National-Angelegenheiten ultimato an die ungarische Hofkanzlei verwiesen.

Infolge dieser in das Regulament eingeflochtenen Verfügung wurde dann über Andrängen von ungarischer Seite auch die serbische oder illyrische Hofdeputation im Jahre 1779 aufgehoben und deren Geschäfte an die ungarische Hofkanzlei übertragen.

Daß die Kaiserin Maria Theresia die den Serben bewilligte Hofstelle selbst aufhob, geschah aus Nachgiebigkeit gegen die Ungarn, sagt der anonyme Herausgeber der oft angeführten Schrift des Freiherrn v. Bartenstein, des vorletzten Präsidenten der nun aufgehobenen illyrischen Hofdeputation. „Ihr angebeteter Rex Theresia," — spricht derselbe weiter — „konnte ihnen dieses Opfer für ihre vielfältig erprobte Treue und Anhänglichkeit um so weniger versagen, als diese Gnade keinen Einfluß in die illyrische Militärverfassung hatte; diese blieb, wie vorher, ganz unabhängig von Ungarn und unmittelbar dem Wiener Hofkriegsrathe unterworfen; indem sie sich mit ihrer Ausdehnung immer mehr ausbildete, gelangte sie zu einer Stärke, die zur Beschützung der Gränzen als eine lebendige Vormauer gegen die Türken, diesen eben so furchtbar wurde, wie den Ungarn selbst, als welche sich mit ihres Reiches Municipalprärogativen gewaltig in der Klemme und zwischen den Oesterreichern einer- und den illyrischen Gränztruppen andererseits eingeschlossen sehen mußten." *)

Mit dem Regierungsantritte des Leopold II. (20. Februar 1790) lebten die Hoffnungen der Serben auf, eine Besserung ihrer Lage zu erzielen, und sie ließen, unterbrechend das bisherige beredte Schweigen, ihre staatsrechtlichen Ansprüche laut werden.

Das rege Streben derselben zur Wahrung ihrer, durch ungünstige Zeitverhältnisse geschmälerten nationalen Rechte, kam der Regierung in sofern zu statten, als sie hoffen konnte, unter den nach dem Tode des Joseph II. eingetretenen Umständen durch eine gesicherte Stellung der Serben eine Stütze gegen die befürchteten ungarischen Uebergriffe zu erlangen. **)

Ueber das Einschreiten des Metropoliten Mojses Putnik um die Erlaubniß zur baldigsten Abhaltung eines eigenen National-Congresses, sowie um die allergnädigste Veranlassung, daß er mit seinen Bischöfen und noch einigen Nationalisten aus dem weltlichen Stande, zu dem bevorstehenden ungarischen Landtage einberufen werde, erging den 15. Juni 1790 an den ungarischen Hofkanzler Grafen Karl Pálfy folgendes Allerh. Handbillet: „Ich glaube billig sowohl dem Metropoliten, als auch den neun gr. n. u. Bischöfen Re-

---

*) Bartenstein. Vorrede S. XVI., XVII.
**) Actenmäßige Darstellung der Verhältnisse der gr. n. u. Hierarchie in Oesterreich. Wien 1660. S. 22.

gales zu dem Landtage zuzuschicken. Sie werden also selbe mir auf das baldigste zur Unterschrift übersenden, und es wird hernach bei dem Landtage untersucht werden können, auf was für eine Art in das künftige die illyrische Nation durch förmlich zu erwählende Deputirte wird repräsentirt werden können, und ihre National-Landtage halten", wiewohl sich ungarischerseits Einsprüche dawider erhoben. Denn der vielvermögende ungar. Hofkanzler Graf Karl Pálfy behauptete, „daß die sogenannte illyrische Nation, als Nation in dem hungarischen Staate keine politische Existenz habe," und daß sie in ganz Ungarn zerstreut, bei dem Landtage durch die Comitats- und städtischen Deputirten repräsentirt werde. Hingegen meinte der Cardinal-Primas Graf Joseph Batthyáni den Serben und ihren Bischöfen Sitz und Stimme am Landtage auch darum verwehren zu sollen, weil: „Rasciani Hungaris nondum sunt incorporati, peculiaremque constituunt nationem et etiam nunc cum Episcopis suis quasi alienigenae sunt, estque eorum status non tam legalis, quam privilegialis."

Bei so bewandten Umständen begab sich nun der obgedachte serbische Metropolit mit dem Temesvarer Bischof Peter Petrovics an der Spitze einer zahlreichen Deputation, persönlich nach Wien, und überreichte am 27. Juni 1790 dem Kaiser, im Namen des Clerus und der Nation, eine Bittschrift, worin er jetzt nur um die Bewilligung, einen eigenen National-Congreß halten zu dürfen, in der Absicht nachsuchte, um bei dem Umstande, als nach dem Tode des Kaisers Joseph II. manche seiner Anordnungen in Ungarn rückgängig gemacht wurden, über den Privilegialzustand der serbischen Nation, der seit Jahren wesentliche Veränderungen erlitten hatte, und auch jetzt von allen Seiten angriffen werde, eine eingehende Revision anstellen und um dessen Wiederherstellung und Verbesserung bei dem neuen Landesfürsten einschreiten zu können. Noch an demselben Tage eröffnete der Kaiser mittelst eines Handbilletes dem ungarischen Hofkanzler Grafen Pálfy Allerhöchstseinen Beschluß, den Serben die Erlaubniß zu ertheilen, daß sie, „da für diese in sich zahlreiche und respectable Nation jene illyrische Hofdeputation, unter der sie vormals gestanden, nicht mehr bestehet, auch ihre Vereinigung mit Hungarn von den hungarischen Ständen noch nicht anerkannt ist, selbe also keinen Weg zur Anbringung ihrer Angelegenheiten und Postulate übrig hat" ihren eigenen National-Congreß auf das balbigste und nach der sonst gewöhnlichen Art abhalten, wo sie sich sodann frei und ungehindert über ihre Angelegenheiten berathschlagen, und dem Kaiser ihre Nationalbeschwerde und Anliegen vorlegen können. Zum landesfürstlichen Commissär wurde der Commandant von Peterwardein, FML. Freiherr von Schmiedfeld, ernannt.

In dem hierauf erstatteten gemeinsamen Vortrage der ungarischen Hofkanzlei und des Hofkriegsrathes wurde die Abhaltung eines National-Congresses widerrathen. Jedenfalls solle der Congreß vor dem ungarischen Landtage nicht zusammenberufen werden. Die serbischen Bischöfe hätten ohnedies die Regales bereits in Händen, und sicherem Vernehmen nach würden ihnen die Stände Sitz und Stimme nicht verweigern; man solle sie daher durch die Abhaltung des Congresses von der Theilnahme an dem Landtage nicht abhalten. Mit gutem Grunde habe man den Satz festgesetzt, daß der Congreß bloß die Wahl des Metropoliten zum Gegenstande haben sollte; alle anderen Nationalangelegenheiten seien durch das Rescriptum declaratorium geregelt, und Beschwerden sollen nur im gewöhnlichen Wege an die Behörden gelangen.

Das Allerhöchste Handbillet vom 7. Juli 1790 hielt aber die bereits ertheilte Bewilligung zur Abhaltung des Congresses aufrecht, derselbe solle auf die Art, wie es die Serben selbst verlangen, d. h. ohne vorläufige Bezeichnung der Berathungsgegenstände, und, weil damals die erzbischöfliche Residenz zu Karlovitz abgebrannt war, in Temesvar stattfinden.

Aber schon am 9. Juli 1790 starb der Metropolit in Wien, so daß dem bevorstehenden Congresse auch die Wahl seines Nachfolgers zufiel.

Die Zahl der Deputirten für diesen Congreß wurde mit 100 festgesetzt, und durch vier Stände der Nation, nämlich durch den geistlichen, adeligen (der sich unter Leopold II. stark vermehrte), militärischen und bürgerlichen Stand gleichmäßig vertreten.

Der Congreß dauerte von August bis December 1790 und es wurde erst nach Berichtigung aller Nationalbeschwerden der Ofner Bischof Stephan Stratimirovics von Kulpin zum Metropoliten gewählt.

Dieser National-Congreß befaßte sich nicht so sehr mit Cultusangelegenheiten, als mit rein politischen Fragen, woraus es erklärt werden mag, daß er in einer Allerhöchsten Entschließung geradezu der „illyrische Landtag" genannt wird.

Eine der wichtigsten Forderungen der Serben auf diesem Congresse war dahin gerichtet, daß ihnen ein bestimmtes Gebiet zur Formirung einer von Ungarn unabhängigen Provinz (einer serbischen Wojwodschaft) eingeräumt werde.

Noch während des Congresses erhoben sich ungarischerseits Einsprüche dawider, und der ungarische Landtag machte wiederholt Vorstellungen dagegen. Der Kaiser ging auf diese nicht ein, sondern verwies darauf, daß erst nach erfolgter Prüfung der serbischen National-Postulate diese Einsprachen vorgenommen werden können. Mittlerweile wurde jedoch, da die Behandlung der serbischen Angelegenheiten im Sinne des Hofes bei der ungarischen Hofkanzlei auf namhafte Schwierigkeiten stoßen mochte, die Errichtung einer eigenen serbischen oder illyrischen Hofkanzlei beschlossen, welche am 5. März 1791 unter dem Präsidium des Grafen Franz Balassa in Wirksamkeit trat.

Die Postulate der Serben wurden auf Befehl des Kaisers in einer gemischten Commission unter dem Vorsitze des serbischen Hofkanzlers Grafen Balassa geprüft, und das Commissions-Protokoll mit Vortrag vom 17. März 1791 dem Kaiser vorgelegt.

Die Vorlage wurde durch die Allerhöchste Entschließung, ddo. Florenz, den 23. April 1791, erledigt. Dieser Allerhöchsten Entschließung gemäß wurde von der serbischen Hofkanzlei ein Allerhöchstes Rescript entworfen, dieses aber vorläufig dem Hofkriegsrathe und der ungarischen Hofkanzlei mitgetheilt, und als hier über die Allerhöchste Entschließung und die beantragte Kundmachung derselben verschiedene Bemerkungen vorgebracht wurden, verzog sich die Verhandlung bis zum Tode des Leopold II. (1. März 1792), und wurde bei veränderten Umständen auch später nicht mehr finalisirt, so daß über den National-Congreß vom Jahre 1790 nie eine Erledigung kundgemacht worden ist.*)

Aus dem bisher Gesagten erhellet, daß die Regierung die politisch-nationalen Tendenzen der Serben anfänglich fördersamst unterstützt, später aber durch zögernde Behandlung der Concreßual-Postulate völlig erdrückt habe. Es ist schwer die Motive zu ergründen, welche die Regierung des Leopold II. zu diesen Maßnahmen bestimmt hatten. Möglich ist es, daß die Begünstigung der Serben aus höheren weiter berechnenden Staatsrücksichten geschah, die etwa durch Eroberung eines Theiles von Serbien hervorgerufen wurden, die aber bald in den Hintergrund traten, als Serbien, infolge der Vereinbarung mit den Preußen in Reichenbach und des darauf mit den Türken abgeschlossenen Sistover Friedens (4. Aug. 1791), den letzteren wieder zurückgegeben werden mußte.

Auch ist es nicht unwahrscheinlich, daß man durch den oberörterten Vorgang den Uebergriffen von ungarischer Seite, welche nach dem Tode des großen Reformators Joseph II. zunahmen, Schranken setzen wollte, zumal als man dem stürmischen Landtage in Ofen (6. Juli 1790) den serbischen National-Congreß in Temesvar als ein Gegengewicht und Schreckbild entgegenstellte.

Um sich des letzteren zu entledigen, und der bisherigen Sonderstellung der Serben, die man stets als gefährliche Gäste und bloße Werkzeuge der Hofpolitik ansah, ein Ende zu machen, schuf der ungarische Landtag den Gesetzartikel 27: 1791 (sanctionirt am 12. März 1791), wodurch „den griechisch-nicht-unirten Glaubengenossen das Bürgerrecht (jus civitatis) in Ungarn ertheilt, und gleich den übrigen Landesbewohnern die Fähigkeit zur Erwerbung, und zum Besitze der Güter, sowie zur Bekleidung aller Amtsstellen in Ungarn und annexirten Ländern unter Aufhebung aller dem entgegen stehenden Gesetze eingeräumt wurde, vorbehaltlich der Rechte Seiner königlichen Majestät über die Angelegenheiten des Clerus, der Kirche, der Religion, deren vollkommen freie Ausübung ihnen gestattet wird, der Fundationen, der Lehrgegenstände und Erziehung der Jugend, nicht minder ihrer Privilegien, welche der Reichsverfassung (fundamentali regui constitutioni) nicht wiederstreiten, sowie Seine Majestät diese Rechte von Allerhöchstihren glorreichen Vorfahren übernommen haben." Dies ist der Wortlaut des Gesetzes, durch welches nun der exemptionelle Zustand der Serben behoben war, und sie den übrigen Landesbewohnern in allen bürgerlichen Rechten articulariter gleichgestellt wurden.

---

*) Actenmäßige Darstellung der Verhältnisse der gr. n. u. Hierarchie in Oesterreich ꝛc. Wien 1860. S. 23, 24, 25, welcher auch die übrigen oben benützten Daten über das Zustandekommen des Temesvarer National-Congreßes und die Behandlung seiner Beschlüsse fast wörtlich entlehnt worden sind.

Das befriedigte aber die Serben nicht. In dem sonst so wohlthätigen und gerechten, aber ohne ihre Einvernehmung geschaffenen Gesetze erblickten sie den Untergang ihrer historisch-nationalen Individualität und Existenz als Serben, ihrer mit Blut verdienten und urkundlich garantirten politisch-nationalen Vorrechte, an deren Auflebung ihnen nun jede Hoffnung benommen ward. Das, was ihnen articulariter gewährt wurde, genossen sie auch vordem vermöge der kaiserlichen Privilegien, welche den ungarischen Landtagen gegenüber durch königliche Mandata protectoria (1715, 1727, 1735 ꝛc.) geschützt zu werden pflegten. Es geschah, so sagen die Serben, die Inarticulation derselben als ungarische Staatsbürger, ohne Beibehalt ihres nationalen Charakters, mit alleiniger Bezeichnung eines Glaubenskenntnisses, welches auch das ihrige ist: „Graeci Ritus non Uniti", dann ohne Rücksichtsnahme auf die von ihnen schon in früheren Jahren und um dieselbe Zeit durch den Metropoliten bei der Regierung eingebrachte Petition um Gewährung einer Vertretung an den Landtagen aus dem weltlichen Stande der Nation, wie solche eben an dem fraglichen Landtage mit Art. 29: 1791 den Jazygern und Kumanern und den Bewohnern des Hajduken-Districtes eingeräumt wurde, und endlich ohne Gewährung billiger, mit dem Landesgesetze vereinbarlichen Concessionen auf Grund ihrer mit goldenen Bullen gezierten Privilegial-Urkunden, um dadurch der serbischen Nation eine, ihre nationalen und historischen Erinnerungen ehrende Anerkennung zu gewähren, und sie für sich auf ewig zu gewinnen.

Im Gefolge dieses Gesetzartikels und über Andrängen des ungarischen Landtages im Art. 10: 1792 (desideratam a Statibus et Ordinibus Cancellariae Illyricae sublationem) wurde sodann auch die serbische oder illyrische Hofkanzlei am 30. Juni 1792 aufgehoben und deren Agenden der ungarischen Hofkanzlei zugewiesen, denn durch die Inarticulation der Serben als ungar. Staatsbürger entfiel eines der wichtigsten Motive für den Bestand einer besonderen Hofstelle für die serbischen Angelegenheiten.

Durch den vorcitirten Artikel 10: 1792 wurde dem Metropoliten und den Bischöfen der gr. n. u. Religion Sitz und Stimme an den ungarischen Landtagen eingeräumt, und zugleich bestimmt, daß gleich nach erfolgter Aufhebung der illyrischen Hofkanzlei einige von den Serben, welche die erforderlichen Eigenschaften besitzen, sowohl bei der königlich-ungarischen Hofkanzlei, als auch bei der königlich-ungarischen Statthalterei angestellt werden sollen: „ut ex individuis non uniti ritus nonnulla requisitis qualitatibus instructa ad Cancellariam regiam hungarico-aulicam, prout et ad Consilium regium locumtenentiale applicentur individua." Infolge dessen wurde gleich der Ofner serbische Bischof Peter Petrovics zum Hofrathe bei der königlich-ungarischen Hofkanzlei ernannt; ihm folgte 1798 der Temesvarer Bischof Stephan von Avakumovics bis 1805. Nach dem Abgange des letzteren saß von Seite der Serben oder überhaupt der gr. n. u. Glaubensgenossen niemand im Rathe der königlich-ungarischen Hofkanzlei und erhielt niemand, weder bei derselben Hofstelle, noch bei der königlich-ungarischen Statthalterei eine höhere Anstellung.

Bitter beklagte sich darüber der jetzige serbische Patriarch Joseph Rajacsics an dem ungarischen Landtage vom Jahre 1843-1844 mit den Worten: „Wie groß das Königreich Ungarn und wie groß die damit verbundenen
Länder sind, wie viel es da Stellen bei Hof- und anderen Dikasterien der höheren Justiz- und politischen Behörden giebt, so findet man bei diesen, mit
Ausnahme von zwei Secretären, nirgends einen griechisch-nicht-unirten Glaubensgenossen, nirgends einen Präsidenten, nirgends einen Rath oder ein Mit-
glied eines höheren juridischen oder politischen Amtes! Alle Würden, alle be-
soldeten Amtsstellen und so zu sagen alle Ehren und Vortheile sind mehr
oder weniger, aber doch nur unter die Römisch-katholischen und Protestanten
vertheilt; den gr. n. u. Glaubensgenossen überließ man bloß in dem Lager und
den Klöstern ihr Glück zu suchen."

Seit dem Temesvarer Congresse vom J. 1790 hatten die Serben durch
eine geraume Zeit keine Gelegenheit, sich als Nation bezüglich ihrer Wünsche
und Ansprüche hören zu lassen. Metropolit Stratimirovics hat sich um die
Erledigung der Beschlüsse des erwähnten Temesvarer Congresses wiederholt
an den ungarischen Hofkanzler gewendet, bis ihm von diesem bedeutet wurde,
er solle die Sache auf sich beruhen lassen.

Die National-Congresse vom J. 1837 und 1842 wurden bloß auf die
Metropoliten-Wahl beschränkt, und es durften auf denselben die Nations-
Angelegenheiten durchaus nicht besprochen werden. Bei diesem letzten Wahl-
Congresse überreichten doch die serbischen Deputirten ein Majestätsgesuch,
ddo. Karlowitz, den 12. October 1842, worin sie um Allerhöchste Gestat-
tung eines National-Congresses zur Berathung der Bedürfnisse der serbischen
Nation in Betreff der hie und da bedrohten Sprache und Nationalität, der
Kirche, der Geistlichkeit, des Schulwesens, der National-Fundationen und
ähnlicher die Nation und Kirche streng und ausschließlich angehenden Gegenstände inständigst baten und zum Schlusse hervorhoben: „Daß die National-
Sache desto schlechter daran sei, als sie sich auch des rechtlichen Mittels im
Staate zur Abwendung der angeregten Uebel entblößt sehen; denn nach Aufhebung der serbischen Hofkanzlei haben sie zwar durch die Einverleibung als
ungarische Staatsbürger eine rechtliche Garantie ihrer Civil-Gerechtsamen erhalten, aber in Betreff der Sr. k. k. Majestät laut des Incorporations-Ar-
tikels 27: 1791 vorbehaltenen National- und Kirchensachen hat kein, weder
Hof- noch National-Organ die Stelle der aufgehobenen serbischen Hofkanzlei
eingenommen. Zwar erscheint der Metropolit als der einzige Vermittler zwischen der hohen Regierung und der Nation in bezüglichen Angelegenheiten;
aber wie ungenügend solche Vermittlung in jeder Beziehung war, haben die
Folgen genugsam [bewiesen. Auch die Clausel des ungarischen Gesetz-Artikels
10: 1792, daß nach der Aufhebung der serbischen Hofkanzlei manche National-Individuen bei der Hofkanzlei und Statthalterei angestellt werden, ist
weder organisch festgestellt, noch in der Anwendung von irgend einer Wirkung gewesen." *)

*) Народный Саборъ 1842 года. (Der National-Congreß vom Jahre 1842.)
Neusatz 1845. S. 106, 107.

Dieſes Geſuch der Congreß-Deputirten, welchem andere ähnliche von einer nahmhaften Anzahl ſerbiſcher Gemeinden nachfolgten, hatte zur Folge, daß die Abhaltung eines National-Congreſſes ſchon am 23. März 1843 Allerhöchſten Ortes genehmigt und den betreffenden Hofſtellen die Inangriffnahme der erforderlichen Vorarbeiten aufgetragen wurde, da man, um den Congreßverhandlungen ein gedeihliches Reſultat zu ſichern, es für nöthig erachtete, daß nicht nur die Gegenſtände, welche die Aufgabe des National-Congreſſes zu bilden haben, genauer bezeichnet, ſondern auch die Richtung feſtgeſetzt werde, in der die einſchlägigen Berathungen zu leiten, auf die dabei hinzuſteuern und zu wirken iſt.

Die hierüber eingeleiteten langwierigen Verhandlungen aber verzogen ſich bis zum Jahre 1847. In Erledigung derſelben wurde nun die Abhaltung des National-Congreſſes mit Allerhöchſter Entſchließung vom 17. Oct. desſelben Jahres angeordnet, und zum landesfürſtlichen Commiſſär der Obergeſpan des Syrmier Comitates, Franz Freiherr von Kulmer, ernannt.

Wegen der gleich darauf im Jahre 1848 eingetretenen Umwälzungen aber iſt dieſer kaum erſehnte Congreß nicht zu Stande gekommen. Ebenſo wenig der, welchen der ungariſche Landtag vom Jahre 1847/48 in ſeinem 20. Artikel abermals bewilligt und deſſen Beginn auf den 27. Mai 1848 feſtgeſtellt, abweichend aber von der obigen Allerhöchſten Beſtimmung den Temeſer Grafen Peter Cſernovics von Macſa zum „Staats-Commiſſär" ernannt hatte, denn die im Anfang Mai 1848 zu Karlovitz gehaltene National-Verſammlung vertagte die Berufung eines Congreſſes auf unbeſtimmte Zeit.

VII.

Die Ereigniſſe des Jahres 1848 in Paris, Berlin, Wien, Peſt und Preßburg, wirkten als erſchütternde und herausfordernde Beiſpiele mit Blitzesſchnelle in der ganzen Monarchie. Das Bewußtſein der Nationalität wurde bei allen Völkern derſelben wach, und ſie nahmen Rechte in Anſpruch, die dem Geiſte und den Anforderungen der damaligen Zeit entſprachen.

Auch bei den Serben wurde unter dieſen Umſtänden das Streben rege, die Verbeſſerung ihrer Lage zu erzielen. Das Recht der Aſſociation war für alle ausgeſprochen und ſie traten am 13. (1.) Mai 1848 in Karlowitz zu einer Verſammlung zuſammen, die von dem Erzbiſchofe Joſeph Rajacſics auf den durch zahlreiche Deputationen laut ausgedrückten Wunſch der Nation angeſagt ward. Es erſchienen dabei mehrere tauſende Gemeinde-Abgeordneten, ſo viele Fürſprecher des unverjährbaren hiſtoriſchen Rechtes der Nation. Die Begeiſterung erreichte ihren Höhepunkt und ſie erklärten einſtimmig, die der Nation in den Privilegien der römiſchen Kaiſer und ungariſchen Könige zugeſicherten und mit Strömen von ihrem Blute verdienten Rechte ins Leben rufen zu wollen. Den Worten folgte die That. Sie riefen im Sinne dieſer

Privilegien allsogleich mit Stimmeneinhelligkeit den obgenannten Erzbischof von Karlowitz zum Patriarchen und den k. k. Obersten Stephan Schuplikacz zum Wojwoden aus. In der Versammlung vom 15. (3.) Mai desselben Jahres proclamirten sie die politische Existenz der Serben als einer freien Nation unter dem österreichischen Hause und unter der gemeinschaftlichen ungarischen Krone, indem sie zugleich Syrmien, Bacska und Banat mit den dazu gehörigen Militärgränz-Gebieten nebst Baranya für das Territorium der serbischen Wojwodschaft in Anspruch nahmen, und die Anbahnung eines politischen Bündnisses mit Croatien auf der Basis der Freiheit und vollkommener Rechtsgleichheit beschlossen. Die National-Versammlung erklärte endlich auf das feierlichste ihre Anhänglichkeit und unerschütterliche Treue für die legitime Dynastie, und überließ dem aus ihrer Mitte erwählten permanenten Haupt-Comité (Glavni Odbor) die Ernennung einer zahlreichen Deputation, welche diese Beschlüsse und Wahlen Seiner k. k. Majestät zur Allerhöchsten Bestätigung unterbreiten, und dem croatischen Landtage mittheilen sollte.

Der am 5. Juni 1848 zu Agram eröffnete croatisch-slavonische Landtag hat im Artikel VII, auf das angebotene Bündniß eingehend und Syrmien als einen Bestandtheil der serbischen Wojwodschaft ausdrücklich anerkennend, sich zur Unterstützung und Verwirklichung der Wünsche und Rechtsansprüche der serbischen Nation bereit erklärt und verpflichtet *).

Bevor aber die nach Innsbruck abgeschickte serbische Deputation, den neuerwählten Patriarchen an der Spitze, vor Se. k. k. Majestät gelangen konnte, griff der commandirende General von Peterwardein, Baron Hrabovsky, den 12. Juni 1848 die Stadt Karlovitz an, und so wurde der erste Kampf zwischen Ungarn und Serben begonnen.

Die von Sr. k. k. Majestät an das ungarische Ministerium überwiesenen Petitionen der serbischen Nation wurden keiner Verhandlung unterzogen

---

*) Unter dem erwähnten politischen Bündnisse verstand derselbe croatisch-slavonische Landtag laut Art. XI, Absatz 6, ein engeres Verhältniß, in welches die südflavischen Länder der österreichischen Monarchie, als die neu creirte Wojwodina, dann Nieder-Steiermark, Kärnthen, Istrien und Görz zu Croatien treten sollten, wogegen die Vereinigung Dalmatiens, als eines integrirenden Theiles von Croatien, beschlossen ward. Es wird hier noch bemerkt, daß durch denselben XI. Landtagsartikel im 11. Absatze die Syrmier Gespanschaft wieder als ein integrirender Theil des Königreichs Croatien erklärt wurde. In dem Vortrage des Ministerrathes in Betreff der Organisirung der serbischen Wojwodschaft und des temeser Banats vom 17. Nov 1849 heißt es diesbezüglich: „Eine befriedigende Lösung des scheinbaren Widerspruches, der zwischen dem VII. und XI. Artikel des croatisch-slavonischen Landtages obwaltet, kann nur darin gefunden werden, daß nach der von Seite des Banus zufolge der Berathungen croatischer und serbischer Vertrauensmänner dem treugehorsamsten Ministerrathe mitgetheilten Ansicht unter dem im Landtagsartikel VII erwähnten „Syrmien", nicht das ganze, zum Theil aus der ehemaligen slavonischen Valpoer Gespanschaft zusammengesetzte Syrmier Comitat, sondern nur dessen östliche, das ursprüngliche Syrmien in seiner alten Begränzung bildenden Theile desselben verstanden werde."

und überhaupt eine Annäherung zwischen den Serben und Ungarn nicht mehr erzielt. Wenn erwogen wird, daß eine serbische Wojwodschaft mit einem Wojwoden unter der ungarischen Krone sich ebenso gut denken ließe, wie der Bestand von Jazygien und Kumanien unter deren Comes et Judex und des Sachsenlandes unter dessen Nationsgrafen, — so lag die Gelegenheit für eine Verständigung sehr nahe vor, die aber nicht benützt wurde.

Die Kämpfe wurden nun unter furchtbaren Folgen für beide Theile fortgesetzt, welche über ein Jahr dauerten.

Mit Rücksicht auf die Haltung der Serben während dieser Epoche haben Se. k. k. Majestät mit Allerhöchster Entschließung vom 1. December 1848 „das serbische Patriarchat als oberste kirchliche Gewalt und die althistorische Würde eines Wojwoden, als obersten politischen Chef der serbischen Nation zu erneuern und diese hohen Aemter an den Erzbischof von Karlowitz, Joseph Rajacsics, und den k. k. General-Major Stephan Schuplikacz de Vitez, in Bestätigung der vollzogenen freien Wahl mit dem Beisatze zu übertragen geruht, über den Wirkungskreis und die Stellung des Wojwoden-Amtes zur Central-Regierung nachträglich die Allerhöchste Willensmeinung zu eröffnen."*)

Das hierüber erlassene kaiserliche Manifest lautet also:

„Wir Franz Joseph der Erste, von Gottes Gnaden, Kaiser von Oesterreich; König von Hungarn und Böhmen ꝛc. ꝛc. ꝛc.

Unsere tapfere und treue serbische Nation hat sich zu allen Zeiten durch Anhänglichkeit an Unser kaiserliches Haus, und durch heldenmüthige Gegenwehr gegen alle Feinde Unseres Thrones und Unserer Reiche rühmlichst hervorgethan.

In Anerkennung dieser Verdienste und als besondern Beweis Unserer kaiserlichen Gnade und Fürsorge für den Bestand und die Wohlfahrt der serbischen Nation haben wir beschlossen, die oberste kirchliche Würde des Patriarchates wieder herzustellen, wie sie in früheren Zeiten bestand und mit dem erzbischöflichen Stuhle von Karlowitz verbunden war, und verleihen den Titel und die Würde eines Patriarchen Unserm lieben und getreuen Erzbischof von Karlowitz Joseph Rajacsics.

Wir finden Uns ferner bestimmt, die auf Unsern General-Feldwachtmeister Stephan Schuplikacz de Vitez gefallene Wahl zum Wojwoden der serbischen Nation, unter Wiederherstellung dieser altgeschichtlichen Würde, zu bestätigen.

Es ist Unser kaiserlicher Wille und Absicht, durch die Wiederherstellung dieser obersten geistlichen und weltlichen Würden Unserer treuen und tapfern serbischen Nation eine Bürgschaft für eine nationale, ihren Bedürfnissen entsprechende innere Organisation zu gewähren.

Gleich nach hergestelltem Frieden wird es eine der ersten und angelegentlichsten Sorgen Unseres väterlichen Herzens sein, eine solche nationale innere

---

*) Zuschriften des österr. Ministers Grafen Stadion an den Wojwoden Schuplikacz und Patriarchen Rajacsics, ddo. Kremsier, den 6. und 14. Decbr. 1848.

Verwaltung nach dem Grundſatze der Gleichberechtigung aller Unſerer Völker zu regeln und feſtzuſtellen.

Gegeben in Unſerer königlichen Hauptſtadt Olmütz am 15. De-zember 1848.

Franz Joſeph m. p.　　　Franz Graf Stadion m. p."

Die Reichsverfaſſung vom 4. März 1849 enthielt bezüglich der ſer-biſchen Wojwodſchaft folgendes:

„§. 72. Der Wojwodſchaft Serbien werden ſolche Einrichtungen zu-geſichert, welche ſich zur Wahrung ihrer Kirchengemeinſchaft und National-ität auf ältere Freiheitsbriefe und kaiſerliche Erklärungen der neueſten Zeit ſtützen.

Die Vereinigung der Wojwodſchaft mit einem anderen Kronlande wird, nach Einvernehmung der Abgeordneten derſelben, durch eine beſondere Ver-fügung feſtgeſtellt werden."

Mit dem Allerhöchſten Handbillet, ddo. Olmütz, am 2. April 1849, wurde der Patriarch Rajacſics „mit der proviſoriſchen Verwaltung der von dem öſterreichiſch-ſerbiſchen Armee-Corps beſetzten Provincial-Bezirke, näm-lich des Syrmier, Bacs-Bodrogher und Torontaler Comitats, nebſt dem Stuhlgerichts-Bezirke von Werſchetz im temeſer Comitate, als ſpeciell bevoll-mächtigter kaiſerlicher Commiſſär betraut", und die allergnädigſte Zuſicherung beigefügt, daß der Umſtand, wornach die vorbenannten Bezirke großentheils von dem ſerbiſchen Volke bewohnt werden, „bei geſetzlicher Feſtſtellung des künftigen Verwaltungsgebiets des der Nation bereits gewährten eigenen Woj-woden bereinſt die Haupttrückſicht der Beſtimmungsgründe ſein wird".

Der von dem Miniſterrathe erſtattete Vortrag über die Organiſation der Wojwodſchaft Serbien und des temeſer Banats, ddo. Wien, am 17. No-vember 1849, worin derſelbe ſagt, „wiederholt in der Lage geweſen zu ſein, Seiner Majeſtät allergnädigſte Aufmerkſamkeit auf die Schilderhebung der Serben, auf ihre ausdauernde Tapferkeit und auf die Hingebung zu lenken, womit ſie die furchtbaren Folgen des verheerenden Bürgerkrieges ertrugen", — wurde mit Allerhöchſter Entſchließung vom 18. November 1849 geneh-migt und auf Grund desſelben folgendes kaiſerliches Patent veröffentlicht:

„Wir Franz Joſeph der Erſte, von Gottes Gnaden Kaiſer von Oeſterreich, König von Ungarn und Böhmen ꝛc. ꝛc.

haben mit Beziehung auf Unſer Patent vom 15. December 1848 und auf die §§. 1 und 72 der Reichsverfaſſung nach dem Antrage Unſeres Miniſter-rathes beſchloſſen und verordnen, wie folgt:

Aus dem, die bisherigen Comitate Bacs-Bodrogh, Torontal, Temes und Kraſſo (die Bacska und das Banat) und den Rumaer und Illoker Be-zirk des Syrmler Comitates umfaſſenden Territorium wird vorläufig, in ſo lange nicht über die künftige organiſche Stellung dieſes Landestheiles in Unſerem Reiche, oder über deſſen Vereinigung mit einem anderen Kronlande in verfaſſungsmäßigem Wege definitiv entſchieden ſein wird, ein eigenes Ver-waltungs-Gebiet gebildet, deſſen Admlniſtration unabhängig von jener Ungarns durch unmittelbar Unſerem Miniſterium unterſtehende Landesbehörben zu leiten ist. Dieses Gebiet hat die Benennung „Wojwodschaft Serbien und temeser Banat" zu führen.

Wir behalten Uns vor, die Landesvertretung in diesem Gebiete, sowie die Theilnahme seiner Bewohner an der Reichsvertretung analog den Einrichtungen anderer Kronländer, nach den Grundsätzen der Reichs-Verfassung, durch eine besondere Verfügung provisorisch zu regeln.

Die administrative Oberleitung des Landes finden Wir vorläufig einem provisorischen Landeschef mit dem Sitze in Temesvar zu übertragen, dem für die Organisirung der Civil-Verwaltung ein Ministerial-Commissär zur Seite gestellt wird.

In Berücksichtigung der eigenthümlichen Interessen der verschiedenen, dieses Gebiet bewohnenden Völkerschaften verordnen Wir, daß das Land nach den Hauptstämmen seiner Bevölkerung in drei größere Verwaltungs-Districte (Kreise) und jeder dieser Kreise in Bezirke untergetheilt und Uns der Entwurf einer Verordnung über die Einrichtung und den Wirkungskreis ihrer administrativen und repräsentativen Organe — Kreis- und Bezirks-vorsteher — Kreis- und Bezirksvertretungen zur Sanction vorgelegt werde.

Die syrmischen Bezirke von Ruma und Jllok und die vorzugsweise von den Serben bewohnten Theile der Bacska, sowie des Temeser und Torontaler Comitats, haben vorläufig als ein besonderer Kreis dieses Gebiets „die Wojwodschaft Serbien" zu bilden.

Ueber die Vereinigung der Wojwodschaft Serbien mit einem anderen Kronlande wird dem §. 72 der Reichsverfassung zufolge nach Einvernehmung der Kreisvertretung derselben entschieden werden.

Um der serbischen Nation in unserem Reiche, den Uns vorgetragenen Wünschen gemäß, eine ihre nationalen und historischen Erinnerungen ehrende Anerkennung zu gewähren, finden Wir Uns bewogen, Unserem kaiserlichen Titel den eines „Groß-Wojwoden der Wojwodschaft Serbien" beizufügen und dem jeweilig von Uns ernannten Verwaltungs-Vorstande des Gebietes der Wojwodschaft den Titel eines Vice-Wojwoden zu verleihen.

Wir versehen Uns von dem Volksstamme der Serben, daß er durch den gegenwärtigen bleibenden Beweis Unserer kaiserlichen Huld und Gnade in seiner treuen Anhänglichkeit an Unser Kaiserhaus bestärkt, in dem innigen Verbande mit der Gesammt-Monarchie, in dem friedlichen und geordneten Beisammensein gleichberechtigter Nationalitäten und in der gleichmäßigen Betheiligung an den, allen Völkern Unseres Reiches gewährten Institutionen die sicherste Bürgschaft für seine und des Landes, das er bewohnt, gedeihliche Entwicklung und fortschreitende Kräftigung erkennen werde.

So gegeben in Unserer Haupt- und Residenzstadt Wien, am 18. November 1849.

Franz Joseph m. p.

Schwarzenberg m. p.,   **Krauß** m. p.,   **Bach** m. p.,   **Bruck** m. p.,
Thinnfeld m. p.,   **Gyulai** m. p.,   **Schmerling** m. p.,   **Thun** m. p.,
Kulmer m. p."

Die seitdem erfolgte Organisation des Landes ist bekannt.

Es verging aber kaum ein Decennium und es ergab sich schon die gebieterische Nothwendigkeit zur Vornahme von Reformen in dem ganzen Staatsorganismus. Der verstärkte Reichsrath kam zu Stande und begann seine Berathungen im Juni 1860 zu Wien.

Diese dauerten noch, als der serbische Patriarch Seiner k. k. apostolischen Majestät die bekannte Petition überreichte, die durch nachstehendes Allerhöchstes Handschreiben ddo. Wien, den 29. September 1860 ihre theilweise Erledigung erhielt:

„Lieber Patriarch Majacsics! In Erledigung der Bitten, welche Sie mit dem Bischofe von Temesvar Mir vorgetragen haben, genehmige Ich, daß eine Synode der gr. n. u. Bischöfe abgehalten werde, welche die allgemeinen Angelegenheiten ihrer Kirche in Oesterreich zu berathen und Mir bezüglich derselben ihre canonisch gehörig gegründeten Wünsche und Anträge vorzulegen haben wird. Insbesondere ist es Mein Wille, daß diese Synode, zu welcher auch die gr. n. u. Bischöfe von Siebenbürgen, der Bukowina und Dalmatien beizuziehen sind, darüber berathe und Mir mit Berücksichtigung der canonischen Vorschriften begründete Vorschläge erstatte, wie die hierarchischen Verhältnisse zu regeln seien, damit auch den Bedürfnissen und kirchlichen Interessen der gr. n. u. Romanen in gebührender Weise Rechnung getragen werde.

Ich erwarte, daß während oder nach der Synode dem Herkommen gemäß Sie mit den Bischöfen von Arad, Bacs, Karlstadt, Ofen, Pakrac, Temesvar und Werschetz zusammentreten und in gemeinsame Erwägung ziehen werden, welche Gegenstände auf dem demnächst einzuberufenden illyrischen Nationalcongresse zu verhandeln seien, worüber Mir sodann die geeigneten Anträge zu erstatten sein werden. Ich behalte Mir vor, Meinen Banus von Croatien und Slavonien, Feldmarschall-Lieutenant v. Sokčevics, als Meinen Commissär zur Synode zu entsenden und werde denselben beauftragen, Mir über die Zusammensetzung des National-Congresses, durch welche auch den gr. n. u. Romanen der Diöcesen Arad, Temesvar und Werschetz eine billige Vertretung gesichert werden muß, nach gepflogener Rücksprache mit Ihnen und den Bischöfen jener Diöcesen, sowie einiger einsichtsvoller Männer romanischen Stammes ein wohlerwogenes Gutachten zu erstatten. Jedenfalls wird die Verbesserung der Lage der Pfarrgeistlichkeit und die davon untrennbare Regelung der Pfarrsprengel in jenen Diöcesen, für welche das Erläuterungs-Rescript vom 16. Juli 1779 gesetzliche Geltung hat, einen Gegenstand der Berathung des National-Congresses zu bilden haben. Eben deßhalb werden die hierauf bezüglichen Erhebungen, zu deren Einleitung Sie und die Bischöfe bereits von Meinem Minister für Cultus und Unterricht aufgefordert worden sind, zu beschleunigen sein, indem die Einberufung des Congresses zum Theil dadurch bedingt sein wird, daß die Ergebnisse dieser Erhebung bereits gesammelt vorliegen. Der jährlichen Abhaltung von Synoden steht nichts entgegen. Nachdem Ich übrigens aus dem Mir über Ihre Eingabe erstatteten Vortrage ersehen habe, daß die Wünsche und Begehren Meiner getreuen serbischen Unterthanen schon auf dem im Jahre 1790 zu Temesvar abgehaltenen illyrischen Nationalcongresse mit Beziehung auf die der serbischen Nation von Meinem Vorfahren ertheilten Privilegien umständlich verhandelt und weiland Kaiser Leopold II. vorgetragen worden sind, die darüber erfolgte Schlußfassung aber nicht kundgemacht worden ist, so habe Ich die Anordnung getroffen, daß unverweilt die nöthigen Vorarbeiten zur gründlichen Beleuchtung dieser Privilegien unternommen und hierzu auch ein sachverständiger Mann aus der Mitte der gr. n. u. Serben beigezogen werde.

Was Ihre Bitte anbelangt, es möge verhütet werden, daß die Angehörigen Ihrer Kirche durch unlautere Mittel veranlaßt werden, ihr Glaubensbekenntniß zu ändern, so haben sich die gr. n. u. Bischöfe, wenn solche Vorgänge stattfinden sollten, um Schuß dagegen an meine Behörden zu wenden.

Ich habe den Auftrag gegeben, daß den in Meiner Haupt- und Residenzstadt Wien wohnenden, der gr. n. u. Kirche angehörigen Serben eröffnet werde, es sei ihnen gestattet, sich zu einer Pfarrgemeinde zu vereinigen. Sobald sich ein Ausschuß dieser Gemeinde gebildet haben wird, soll ihnen bewilligt werden, im ganzen Reiche eine Sammlung freiwilliger Beiträge zur Erbauung einer Kirche sowie eines Pfarr- und Schulhauses einzuleiten, auch werde Ich geneigt sein, hiezu einen Bauplatz anweisen zu lassen, in welcher Beziehung die Gemeinde ihre Bitte zur geeigneten Verhandlung an Meinen Minister des Innern zu richten haben wird.

Endlich werde Ich darauf bedacht sein, daß in Meiner mit der Behandlung der Angelegenheiten der gr. n. u. Kirche in oberster Instanz betrauten Behörde auch ein Angehöriger dieser Kirche angestellt werde.

Ueber Ihre weiteren Mir vorgetragenen Bitten und Anliegen wird Meine Entschließung erfolgen, sobald die darüber anhängigen Verhandlungen zum Abschlusse gediehen sein werden. Franz Joseph m. p."

Die Berathungen des Reichsrathes, namentlich aber das von dem letzteren gefaßte sogenannte Majoritätsvotum hatte das am 20. October 1860 erschienene kaiserliche Diplom über die Regelung der inneren staatsrechtlichen Verhältnisse der österreichischen Monarchie zur Folge, durch welches zugleich die früheren verfassungsmäßigen Institutionen des Königreiches Ungarn wieder ins Leben gerufen worden sind. Gleichzeitig wurde bezüglich des Verwaltungsgebietes der Wojwodschaft Serbien und des temeser Banates eine allseitig befriedigende Regelung in Aussicht gestellt. Der hierauf bezügliche Allerhöchste Erlaß an den Ministerpräsidenten Grafen Rechberg vom 20. October 1860 lautet also:

„Lieber Graf Rechberg!

Da die Wünsche und staatsrechtlichen Ansprüche Meines Königreiches Ungarn, in Betreff der Wiedereinverleibung der serbischen Wojwodschaft und des temeser Banats ebenso, wie die Wünsche und Ansprüche Meiner seit altersher mit Privilegien und gesetzlichen Exemtionen versehenen serbischen Unterthanen ernste Würdigung erfordern, da endlich die vielfach abweichenden verschiedenen Ansichten der übrigen Bewohner der serbischen Wojwodschaft und des temeser Banats gleichfalls eine eingehende Prüfung und Erwägung in Anspruch nehmen, habe Ich beschlossen, einen Commissär in der Person Meines FML. Grafen Alexander Mensdorff-Pouilly auszusenden, der nach Anhörung hervorragender Persönlichkeiten aller Nationalitäten und Confessionen Mir seinen Bericht je eher zu erstatten und den Vorschlag einer allseitig befriedigenden Regelung zu unterbreiten haben wird. Die nöthigen Instructionen für diesen Commissär sind Mir durch Mein Ministerium alsobald vorzulegen. Wien, am 20. October 1860.

Franz Joseph m. p."

Seine Excellenz der Herr kaiserliche Hofcommissär FML. Graf Alexander Mensdorf-Pouilly trafen am heutigen Tage in Temesvar ein.

Temesvar, am 13. November 1860.

Anhang,

enthaltend

die bei den Serben bis jetzt aufgetauchten Ansichten

über die künftige organische Stellung der Wojwodina.

———————

Wünsche und Ansprüche der Serben

in Hinsicht der Wojwodina.

Aus Anlaß des Allerhöchsten Handbillets an den Ministerpräsidenten Grafen Rechberg vom 20. October 1860 tauchten bei den Serben bis jetzt vier verschiedene Ansichten in Beziehung auf die künftige Stellung der Wojwodina auf. Ich werde diese Ansichten, aus welchen zugleich die Wünsche und Ansprüche der Serben in fraglicher Richtung hervorleuchten, hier mit Berührung ihrer wesentlichen Momente anführen.

I. Man wünscht, daß die Wojwodina, in Gemäßheit des kaiserlichen Patentes von 18. November 1849 aus den syrmischen Bezirken Ruma und Illok und den vorzugsweise von den Serben bewohnten Theilen des Bács-Bobrogher, Torontaler und Temeser Comitats constituirt, als ein eigenes Verwaltungsgebiet mit einem Wojwoden an der Spitze der politischen Landesstelle und mit Einführung der serbischen Sprache als Geschäfts- und Amtssprache, der Central-Regierung in Wien unmittelbar untergeordnet, verbleiben möge.

II. Hingegen Andere wollen, daß diese nach den Gränzen des serbischen Elementes so arrondirte Wojwodina mit dem Wojwoden als obersten politischen Landeschef im Sinne des Beschlusses der Karlowitzer National-Versammlung vom 15. Mai 1848 auf der Basis der vollkommensten Rechtsgleichheit mit Croatien vereinigt, der ungarischen Krone unterstellt werde.

III. Nach der dritten Ansicht sollte die obigermaßen aus den von den Serben vorzugsweise bewohnten Landestheilen constituirte Wojwodina mit dem Wojwoden unter Wahrung der Nationalsprache als Geschäfts- und Amtssprache qua pars adnexa in jenes Verhältniß zu Ungarn treten, in welchem Croatien bis 1848 gestanden ist.

Die Verfechter dieser drei verschiedenen Ansichten stimmen darin überein, daß über die künftige organische Stellung der Wojwodina im Kaiserreiche oder über deren Vereinigung mit einem anderen Lande nur nach Anhörung der serbischen National-Skupschtina entschieden werden dürfte, weil a) die Wojwodina im Sinne der Leopoldinischen Privilegien und älteren königlichen Zusagen, sowie in Anerkennung der Verdienste während der jüngsten Kriegsepoche speziell und ausschließend für die Serben creirt worden ist, dann b) weil nach dem Wortlaute des kaiserlichen Patentes vom 18. November 1849 die diesfällige Frage nur nach Einvernehmung des serbischen Districts oder der serbischen Kreisvertretung, d. i. der Vertretung der obigermaßen aus den beiden syrmischen Bezirken und den vorzugsweise von den Serben bewohnten Theilen des Bács-Bobrogher, Torontaler und Temeser Comitats zu constituirenden Wojwodina, daher mit Ausschließung der Bewohner der übrigen von den Serben weniger oder gar nicht bewohnten und zur Wojwodina nicht gehörenden Theilen des Bács-Bobrogher, Torontaler und Temeser, sowie des ganzen Krassoer Comitats, — entschieden werden dürfe, und endlich c) weil Se. k. k. Majestät in dem jüngst an Se. Excellenz den Hrn. serbischen Patriarchen erlassenen Allerhöchsten Handbillet vom 4. October 1860 die Erledigung der Postulate des im Jahre 1790 zu Temesvar abgehaltenen serbischen National-Congresses, wo vorsonderlich um die Bestimmung eines eigenen Territoriums petitionirt wurde, in Aussicht zu stellen geruhten. Ganz übereinstimmend bemerken sie ferner, daß von einer unbedingten Einverleibung der serbischen Wojwodschaft mit Ungarn unter Auflassung dieser geographisch-genetischen Benennung des Landes um so weniger die Rede sein könne, als sich dadurch Seine k. k. Majestät des Titels: „Groß-Wojwode der Wojwodschaft Serbien“ begeben müßten, welchen Allerhöchstdieselben dem kaiserlichen Titel beizufügen geruhten, „um der serbischen Nation eine ihre nationalen und historischen Erinnerungen ehrende Anerkennung zu gewähren,“ und welcher Titel seit 11 Jahren ununterbrochen in allen serbischen Kirchen jedesmal bei dem Gottesdienste durch den Geistlichen laut hergesagt zu werden pflegt.

IV. Die vierte Ansicht, die unter den gemäßigsten Serben auftauchte und füglich als das Minimum der serbischen Ansprüche angesehen werden dürfte, spricht sich für eine förmliche Einverleibung der Wojwodina mit Ungarn, jedoch unter folgenden Bedingungen, aus:

1. Die serbische Wojwodschaft, in Gemäßheit des kaiserlichen Patentes vom 18. November 1849, aus den beiden syrmischen Bezirken und den von den Serben vorzugsweise bewohnten Theilen des Bács-Bobrogher, Torontaler und Temeser Comitats constituirt, hätte einen District Ungarns zu bilden, in welchem drei Comitate, fast so wie sie in älteren Zeiten bestanden, zu errichten wären, als: a) das Syrmier Comitat, bestehend aus den Bezirken Ruma und Illok mit dem Comitatssitze in Karlovitz, welches provincialisirt werden dürfte, oder wenn dies nicht ginge, mit dem Amtssitze in Ruma; b) das Bacser Comitat, bestehend aus dem unteren Theile des vereinigten Bács-Bobrogher Comitats bis einschließig Szonta und von da, in der Richtung gegen die Theiß, mit Einbeziehung der Orte Zombor, Szivacz, Cservenka, Kula, Verbász, Szt. Tamás, Turia, Földvár, Becse, Petrovoszello, bis inclusive Mohol, mit dem Amtssitze in Neusatz, wobei bemerkt wird, daß aus dem hiernach zum serbischen Wojwodats-Districte nicht gehörenden oberen Theile des vereinigten Bács-Bobrogher Comitats, das vormals (bis 1802) bestandene Bobrogher Comitat, allenfalls mit dem Amtssitze in M. Theresiopel, wiederhergestellt werden dürfte; endlich c) das To-

rontaler Comitat, mit Hinweglaffung der vorzugsweife von den Deut-
ſchen und Rumänen bewohnten Gegenden des vormaligen Torontaler Comitates und Hinzufügung des vorzugsweife von den Serben bewohnten Land-
ſtriches des vormaligen Temeſer Comitates, wornach die Gränzen dieſes neu
zu arrondirenden Torontaler Comitates die folgenden in dasſelbe einzubezie-
henden Ortſchaften des vormaligen Torontaler und Temeſer Comitates zu
bilden hätten, als: Cſanáb, Szaravolla, Szerb. Szt. Péter, Dugoßelo,
Mokrin, Groß-Kikinda, Serb. Cſernya, Clary, Keeſa, Német, Szt. Mi-
hály, Dinyás, Paracz, Cſebza, Cſakova, Dolacz, Denta, Dézſan,
German, Groß - Zſám, Laczunás, Markovacz, Varadia, Jabuka,
Szuboticza, Vojvodincze, Pobporány und Blaſkovacz, mit dem Amtsſitze
in Groß-Becskerek.

Ein noch bedeutenderer Theil, der im übrigen dieſe vierte Anſicht vollkommen
theilt, ſpricht ſich für die Aufſtellung von vier Comitaten, faſt aus demſelben
Gebiete (mit Hinzufügung von nur 7 Gemeinden, worunter auch die ohnedies der
Statthalterei unmittelbar unterſtehende königl. Freiſtadt Temesvar ſich befindet)
mit folgender Arrondirung aus: a) Syrmier Comitat, b) Bácſer Comitat, beide mit der obangeführten Begränzung, c) Torontaler Comitat,
deſſen Gränzen gegen Weſten die Theiß von Szegedin bis zur Militärgränze,
gegen Norden die Maros von Szegedin bis Cſanáb, gegen Süden die Orte Lázár-
feld, Ecſka, Lukácsfalva und Zſigmondfalva, endlich gegen Oſten die Orte Szaravolla, Serb. Szt. Peter, Dugoszelo, Mokrin, Groß-Kikinda, Torda, Mogendorf,
Jdvarnok, Szt. György und Katharinafeld, mit Inbegriff aller dieſer Orte, zu bilden hätten, und deſſen Amtsſitz in Gr. Becskeret verbliebe; ſchließlich d) Temeſer
Comitat, mit dem Gebiete, welches von Weſten durch das neugebildete Torontaler Comitat, von Norden durch die Orte Serb. Czernya, Klari, Keeſa, Eſenej,
Német, Kl. Becskeret, Mehala und Temesvar, von Oſten durch die Orte Freidorf,
Paracz, Cſakova, Dolacz, Bánlok, Denta, Szt. György, Omor, Breſtye, Dezſánfalva,
German, Groß-Zſám, Laczunás, Markovacz und Varadia, von Süden durch die
Orte Szuboticza, Wojvodincze, Pobperány und Blajkovacz, einſchließlich dieſer
ſämmtlichen Orte, begränzt würde, mit dem Amtsſiße in Temesvar, wobei bemerkt
wird, daß aus den Ortſchaften, welche nach dem vorangelaſſenen von den vorma-
ligen Comitaten Torontal und Temes abfallen würden, ein neues Comitat unter
einer beliebigen Benennung — etwa Maros-Melléki mit dem Amtsſiße in
Neu-Arab — gebildet werden könnte.

Der ſo geſtaltete ſerbiſche Diſtrict hätte keine eigene Landesvertretung,
ſondern die in demſelben zu bildenden Wahlbezirke würden ebenſo, wie in
allen übrigen ungariſchen Comitaten, den ungariſchen Landtag durch Deputirte
direct beſchicken.

2. Der Wojwode als Chef dieſer ſo arrondirten Wojwodina müßte
Perpetuus supremus Comes des Vacſer, ſowie der jeweilige Patriarch
Perpetuus supremus Comes des Syrmier Comitates ſein.

Die Obergeſpäne von Torontal und beziehungsweiſe von
Temes ſollten über den Vorſchlag des Wojwoden ernannt werden.

3. Für den Diſtrict ſerbiſche Wojwodſchaft wäre ein Wojwodal-Stuhl
(sedes Vojvodalis) als zweite Inſtanz im Gerichtlichen, deren Präſes der
jeweilige Wojwode ſein müßte, mit dem Amtsſiße in Neuſatz zu errichten.

4. Innerhalb der ſerbiſchen Wojwodſchaft hätte die ſerbiſche Sprache
mit der cyrilliſchen Schrift als Geſchäfts- und Amtsſprache bei allen politiſchen und Gerichtsbehörden im inneren Dienſte ſowohl, als im gegenſeitigen

Verkehre zu gelten, mit Aufrechthaltung der, im dem Allerhöchsten Erlasse an den Herrn ungarischen Hofkanzler Freiherrn v. Vay, ddo. 20. October 1860, getroffenen Anordnung, daß den städtischen wie den ländlichen Gemeinden die Wahl der Geschäftssprache ihrer Gemeinde-, Kirchen- und Schulangelegenheiten freistehe, daß es ferner Jedermann unbenommen bleiben soll, in den Comitats-, städtischen und Gemeinde-Versammlungen sich jeder der im Lande üblichen Sprachen zu bedienen, und in jeder derselben Eingaben oder Bittschriften an die Behörden einzureichen, deren Erledigung in derselben Sprache zu geschehen haben würde, daß endlich die Justiz- und politischen Verwaltungsbeamten jeder Art Verordnungen und Befehle, welche unmittelbar an die Gemeinden ergehen, in jener Sprache zu verfassen haben, welche die Geschäftssprache ihrer Gemeindeangelegenheiten ist.

5. Der serbische Wojwode sollte als Baro Regni major, dessen Dotation aus Staatsmitteln nach Art der übrigen Reichswürdenträger zu bestimmen wäre, den Rang gleich nach dem Banus von Croatien einnehmen, und auf den Landtagen unmittelbar nach ihm Sitz und Stimme haben.

Da der District serbische Wojwodschaft keine eigene Landes-Administration hätte, sondern dieselbe unmittelbar von der ungarischen Statthalterei ausginge, so müßte der Wojwode, so oft er nach Ofen kommt, gleich wie der Banus von Croatien Sitz und Stimme bei der ungarischen Statthalterei haben.

6. Der Schlußabsatz des Art. 10: 1792 des Ofner Landtages, in Betreff des Sitz- und Stimmrechtes der griechisch-orientalischen Hierarchie auf dem ungarischen Landtage, wäre dahin zu erläutern, daß dem Patriarchen unter den römisch-katholischen Erzbischöfen und den griechisch-orientalischen Bischöfen unter den römisch-katholischen Diöcesan-Bischöfen, also vor den Titular-Bischöfen, in der durch die Consecration normirten Reihenfolge Sitz und Stimme gleich den römisch-katholischen Prälaten zukäme.

Im Uebrigen wäre der griechisch-orientalischen Kirche dieselbe Autonomie, wie der protestantischen zu verbürgen.

7. Der serbischen Nation müßte das derselben seit alters-her zugestandene Recht, ihre National-Congresse unter dem Präsidium des Patriarchen und Wojwoden in der Regel von 3 zu 3 Jahren halten zu dürfen, erneuert zugesichert werden. Der Wirkungskreis dieser National-Congresse würde sich lediglich auf die Cultus-, Schul- und Fundational-Angelegenheiten zu erstrecken haben. Mit Rücksicht auf die so präcisirte Aufgabe der National-Congresse hätten diese, sowie bisher, nicht nur die Serben aus der Wojwodina, sondern die ganze Nation aus Ungarn, Croatien, Slavonien, Dalmatien und der Militärgränze, nach einer entsprechenderen, auf dem ersten National-Congresse festzustellenden Wahlordnung zu beschicken.

8. Der National-Congreß wäre noch überdies berufen, sowohl den Patriarchen, wie bisher, als auch den Wojwoden vorbehaltlich der königlichen Bestätigung zu wählen und hätte im Erledigungsfalle dieser beiden Würden längstens binnen drei Monaten zur Vornahme der Wahl zusammenzutreten.

9. Für die vorerwähnten Cultus-, Schul- und Fundational-Angelegen-heiten wäre bei der mit der Behandlung derart Angelegenheiten in oberster Instanz betrauten Behörde eine eigene Section mit den Angestellten aus der Nation über den gemeinschaftlichen Vorschlag des Patriarchen und Wojwo-den zu errichten.

10. Die Clausel des Artikels 10:1792, betreffend die zugesicherte An-stellung der National-Individuen bei der ungarischen Hofkanzlei und Statt-halterei soll, organisch festgestellt, in Wirksamkeit treten und ebenso auch auf die obersten Justizbehörden des Königreiches in der Art ausgedehnt und prä-cisirt werden, daß, unabhängig von der oberwähnten Cultus-Section, bei der ungarischen Hofkanzlei für die allgemeinen administrativen Angelegenheiten stets wenigstens ein Hof-Referendar, bei der Statthalterei wenigstens ein Statthaltereirath und bei der Septemviral-Tafel wenigstens ein Septemvir, abgesehen von dem subalternen Personale, aus dem serbischen Volksstamme, über Einvernehmung des Wojwoden, angestellt werden.

11. Sollte wann immer der Fall der Provincialisirung der Militär-gränze eintreten, so müßten aus dem jetzigen serbisch-banater Militärgränz-Gebiete das Tittler Gränz-Bataillon, dann der Peterwardeiner und Pancso-vaer Regimentsbezirk, sowie die von den Serben vorzugsweise bewohnten Theile des Weißkirchner Regimentsbezirkes, in neue Comitate eingetheilt, dem Districte serbischer Wojwodschaft als dahin gehörig zugeschlagen werden.

12. Diese sämmtlichen Bedingungen, unter welchen die Wojwodschaft Serbien als ein District Ungarns dem Mutterlande reincorporirt würde, sollten gleichzeitig mit dem Reincorporationsacte der gegenwärtigen serbischen Wojwodschaft und des temeser Banates diaetaliter inarticulirt und pragma-tisch garantirt werden.

Nach dem Vorausgesagten würde sich, so bemerken die Verfechter dieser zuletzt aufgetauchten Ansicht, der obigermaßen gestaltete District „ser-bische Wojwodschaft" von dem Districte Kumanien oder Jazygien nur dadurch unterscheiden, daß er eine vorzugsweise serbische, Kumanien eine unga-rische Bevölkerung enthält. Wenn nun Kumanien als ein freier District in Ungarn bestehen kann, ohne daß dadurch der Integrität des Königreichs und seiner Staats-Institutionen im mindesten ein Abbruch geschehe, so muß dies, sa-gen sie, auch für den so organisirten District „serbische Wojwodschaft" gelten. Hieraus folgern sie nun, daß ihr diesfälliger Antrag von Seite des Königreichs Ungarn ohne geringstes Präjudiz und um so mehr angenommen werden kann, als er ganz geeignet sei, die serbische Frage, nach dem von dem jetzigen Mini-ster Grafen Szécsen im Reichsrathe ausgedrückten Wunsche der Ungarn, glücklich, d. h. auf eine solche Weise zu lösen, daß sie die historischen Er-innerungen und die Wünsche der serbischen Nation befriedige.

Temesvar, den 20. November 1860.

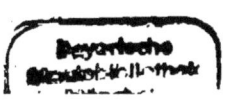